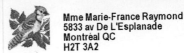
279-3665

LES MEILLEURS SITES
D'OBSERVATION
DES OISEAUX
AU QUÉBEC

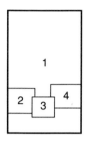

Photographies de la couverture :

LES MEILLEURS SITES D'OBSERVATION DES OISEAUX AU QUÉBEC

Normand David

1990

Québec Science Éditeur
C. P. 250, Sillery (Québec) G1T 2R1

La réalisation de ce livre a été rendue possible grâce à une subvention octroyée à l'Association québécoise des groupes d'ornithologues par le ministère de l'Enseignement supérieur et de la Science dans la cadre du programme Étalez votre science pour la diffusion de la culture scientifique et technique.

Dépôt légal – 1er trimestre 1990
Bibliothèque nationale du Québec
Bibliothèque nationale du Canada
Imprimé au Canada

Table des matières

Table des matières   **IX**

Pourquoi les oiseaux ?

Les oiseaux communiquent entre eux par des chants, des couleurs et des mouvements. Toutes ces manifestations nous sont aisément perceptibles car la vue et l'ouïe sont nos sens les plus aiguisés. Cette affinité des sens est l'une des raisons qui font que le monde des oiseaux attire notre attention et nous est particulièrement facile d'accès.

Historiquement, le premier attrait exercé par les oiseaux a sans doute été celui d'une ressource alimentaire. Mais par delà ce seul attrait, les oiseaux ont cependant toujours eu, chez les peuples chasseurs et cueilleurs, une importance qu'il est bien difficile au citadin moderne d'imaginer. Dans un univers sans calendrier et sans journaux, sans radio ni téléphone, chaque signal du monde animal prend une importance majeure et, souvent même, vitale. Des hirondelles qui volent au ras du sol, des corbeaux qui tournoient ou des geais qui crient, annoncent à qui sait interpréter ces comportements la proximité d'un orage, d'une carcasse ou d'un prédateur.

Les civilisations sédentaires ont donné aux oiseaux une fonction supplémentaire: celle d'animaux domestiques. Des oiseaux comme le coq et le dindon ont été domestiqués, sur des continents différents, par des peuples sans contact les uns avec les autres. Bien que l'élevage des oiseaux perpétue leur utilisation à des fins utilitaires, il s'est également manifesté sous une autre forme: l'élevage à des fins esthétiques. Perruches et serins, par exemple, sont gardés en captivité depuis des siècles, sinon des millénaires, pour le simple agrément que procure leur présence.

On peut dire que les oiseaux de cage représentent la première indication d'un intérêt envers les oiseaux qui ne soit pas purement utilitaire. Ces oiseaux produisent, par leur chant et leur apparence, des stimulus auxquels nous sommes naturellement sensibles. Les oiseaux de cage les plus prisés sont souvent ceux dont le chant est le moins monotone, ou ceux qui peuvent reproduire les sons du langage humain.

Par ailleurs, l'intérêt envers les oiseaux domestiques n'a pas pour autant fait disparaître l'intérêt envers les oiseaux sauvages. Dans les pays industrialisés, cependant, la chasse a perdu son sens premier, un moyen de subsistance, pour devenir un loisir.

Un autre loisir a toutefois pris naissance grâce à l'éducation généralisée: l'observation des oiseaux. Tirant plusieurs de ses motivations premières aux mêmes sources que l'aviculture-loisir ou que la chasse-loisir, l'observation des oiseaux, ou ornithologie-loisir, existe selon des formes et des avenues variées.

« Ornithologue amateur » ou « observateur d'oiseaux » sont des étiquettes un peu faciles pour désigner des gens qui exercent, en réalité, des activités très diverses et, parfois même, contradictoires. Bien des ornithologues amateurs, par exemple, sont des aviculteurs à ciel ouvert, qui « domestiquent » les oiseaux à l'aide de nichoirs ou de postes d'alimentation. D'autres, encore, sont des chasseurs sans fusil, heureux d'enregistrer leurs prises sur film ou dans un carnet de notes. On peut, en effet, classer les ornithologues selon ces deux grands pôles: d'une part, ceux dont le besoin de façonner et de domestiquer leur milieu se transpose dans cette facette de l'environnement que sont les oiseaux, et, d'autre part, ceux pour qui la connaissance des oiseaux sauvages dans leur milieu naturel représente l'attrait principal. C'est évidemment cette deuxième attitude que le présent ouvrage tente surtout de favoriser.

Il n'est toutefois pas souhaitable de vouloir mouler les ornithologues amateurs sur un modèle unique. Des approches diverses, qui s'enrichissent les unes les autres et qui permettent le passage de l'une à l'autre, rehaussent la valeur de l'ornithologie et en font un loisir particulièrement polyvalent. L'ornithologie entretient, par exemple, des liens étroits avec une multitude d'autres disciplines — de la botanique à l'art pictural, en passant par la géographie et l'éthologie. De même, le grand ensemble des sciences naturelles, dont l'ornithologie est l'une des facettes les plus accessibles et les plus développées, a lui aussi des liens avec des disciplines aussi essentielles que la physique ou la philosophie.

Du strict point de vue anatomique, les affinités qui existent entre oiseaux et humains sont souvent bien plus grandes que les différences qui les séparent. Les oiseaux partagent avec les mammifères la particularité d'être des animaux à sang chaud, ce qui les garde actifs malgré les changements de température extérieure. Au Canada, cette particularité prend tout son sens durant nos longs et rigoureux hivers, alors que les oiseaux sont parmi les seuls animaux à rester actifs. C'est là une autre des raisons qui fait que le monde des oiseaux nous est facilement accessible: on retrouve des oiseaux partout et en tout temps, ou presque.

Grâce à toutes ces affinités entre l'Homme et les oiseaux, l'observation du monde des oiseaux nous donne une vue unique sur les forces qui ont modelé et qui modèlent encore l'univers vivant. Cependant, ces mêmes affinités dressent devant les ornithologues un piège d'autant plus dangereux qu'il est généralement insoupçonné: l'anthropomorphisme. L'anthropomorphisme consiste à prêter aux animaux des attributs humains et, donc, à les juger selon les critères de l'expérience humaine. Or la beauté du plumage, la fidélité du couple, le soin accordé aux jeunes, les moeurs territoriales, ou la coopération entre individus sont autant d'aspects de la vie des oiseaux qui ne peuvent pas être interprétés par simple analogie avec les valeurs humaines. Beaucoup de ces aspects varient d'ailleurs d'une espèce à l'autre et reflètent le cheminement qu'a suivi chacune au cours de son évolution propre. Le monde des oiseaux est en effet d'une diversité inouïe: il y a quelque 9000 espèces d'oiseaux contre une seule espèce humaine.

Pour reprendre les propos de l'ornithologue américain Gordon Orians: « L'étude du monde des oiseaux ne nous permet peut-être pas de répondre aux questions que l'on se pose sur le monde des humains, mais elle peut nous aider à poser les bonnes questions.»

Michel Gosselin
Musée national des sciences naturelles

S'il faut définir le contenu de ce livre, je dirai que c'est l'ouvrage que j'aurais aimé avoir à ma disposition lorsque j'ai commencé à m'adonner à l'observation des oiseaux.

Toutefois, même avec cet objectif en vue, le choix des sites à inclure fut loin d'être facile et obligea à de nombreux compromis. Tout d'abord, j'ai voulu penser au grand public, lequel sera particulièrement intéressé par les grands spectacles que l'avifaune du Québec offre en quelques lieux privilégiés. C'est pourquoi plusieurs ornithologues amateurs retrouveront des sites qu'ils connaissent déjà ou dont ils ont entendu parler. J'ai surtout tenté de retenir pour chaque région l'éventail de sites qui permettra de rencontrer l'avifaune la plus variée possible. L'espace et le temps manquaient donc pour inclure tous les sites d'intérêt connus des ornithologues. C'est là que le choix fut difficile ... et certains m'en voudront peut-être de ne pas avoir inclus de très bons sites. Lorsqu'il se trouvait dans une région deux ou trois sites fréquentés par les mêmes types d'oiseaux, je n'en ai habituellement retenu qu'un seul, en fonction de critères souvent non reliés aux oiseaux (la facilité d'accès, les aménagements existants ou l'absence d'activités incompatibles avec l'observation des oiseaux par exemple). Par ailleurs, le poids démographique de la grande région de Montréal explique en grande partie la présentation d'un nombre de sites plus élevé pour cette région. Tous ces compromis s'expliquent aussi par le fait que cet ouvrage n'a pas la même vocation que les guides régionaux publiés par certains clubs ornithologiques, lesquels présentent tous les sites connus où les adeptes d'une région se rendent. Je sais donc que cet ouvrage sera particulièrement apprécié lorsqu'on se déplacera en dehors de la région qu'on habite, mais j'ose croire qu'il sera utile à l'observateur qui veut compléter ses connaissances sur l'avifaune de sa région. Il lui reste toujours la possibilité d'adhérer à un club d'ornithologues amateurs de sa région (voir la liste de ces clubs à la page XIX) et avoir ainsi l'occasion d'être invité à participer aux sorties organisées dans de nombreux sites non décrits dans cet ouvrage.

Il y a un danger à parler des « meilleurs sites » pour l'observation des oiseaux au Québec: laisser croire que ces sites sont de beaucoup supérieurs aux nombreux autres endroits que les observateurs fréquentent. Il est vrai que certains sites sont favorisés par la situation géographique ou des conditions écologiques uniques. Mais on se rappellera toujours que c'est la facilité d'accès et des aménagements appropriés (tour d'observation ou sentiers entretenus) qui font généralement les « bons sites », même si les oiseaux n'y sont guère différents de ceux qu'on trouve à proximité dans des habitats semblables mais non aménagés. Les forêts d'un parc ne sont pas plus riches en oiseaux que les forêts semblables situées en périphérie; elles sont simplement plus accessibles et leur conservation est assurée.

Le contenu des textes

Le paragraphe d'introduction au texte consacré à chaque site en décrit les attraits majeurs: les types d'oiseaux qu'on y trouve régulièrement, les oiseaux exclusifs à la région qu'on peut y observer, ou encore les oiseaux particulièrement faciles à trouver et qui sont souvent plus difficiles à observer ailleurs. Il inclut également tout autre renseignement jugé utile qui ajoute à l'attrait du site.

Le paragraphe intitulé « Meilleures périodes » indique quelles sont les périodes de l'année les plus propices pour l'observation au site traité, c'est-à-dire celles où l'abondance et la variété des oiseaux sont nettement plus élévées que le reste de l'année. On trouvera un résumé de ces indications dans le tableau qui apparaît sur les pages de garde; on s'en servira pour choisir une destination selon le moment de l'année.

La section intitulée « Accès » donne tous les renseignements nécessaires pour se rendre au site. Une carte accompagne la description de presque tous les sites; avec les indications fournies dans le texte, elle devrait permettre de s'orienter sans difficulté. Il serait toutefois sage d'avoir avec soi une carte du Québec (celle distribuée par le ministère des Transports du Québec est hautement recommandée) ou la carte des grandes agglomérations urbaines le cas échéant. De façon générale, il ne nous a pas paru utile de donner les divers renseignements qui changent souvent (numéros de téléphone et de circuits d'autobus, heures d'ouverture, droits d'entrée, etc.); il est conseillé de s'adresser au service d'information des instances concernées pour obtenir ces renseignements.

La section « Au site », en plus de fournir s'il y a lieu des indications pour se déplacer sur le site, s'attache à en mettre en évidence les attraits ornithologiques, c'est-à-dire les espèces d'oiseaux qui en font la renommée. On ne trouvera donc pas dans cet ouvrage la liste de tous les oiseaux qu'on rencontre aux sites traités. La raison principale en est que l'immense majorité des oiseaux qui séjournent régulièrement dans une région sont vus un jour ou l'autre aux différents sites retenus. Fournir ces listes alourdirait le texte de répétitions constantes. Outre les espèces d'intérêt particulier désignées nommément, on parlera aussi de divers groupes d'oiseaux en termes généraux: rapaces, passereaux forestiers, oiseaux de haute mer, canards barboteurs, oiseaux de rivage (ou limicoles). À ce titre il faut associer habituellement les huarts et les grèbes aux « canards plongeurs »; par ailleurs, l'expression « oiseaux de marais » englobe généralement les espèces suivantes: Grèbe à bec bigarré, Grand Héron, Butor d'Amérique, Busard Saint-Martin, Râle de Virginie, Râle de Caroline, Poule-d'eau, Bécassine des marais et Bruant des marais.

On notera enfin que divers textes font mention de certaines espèces d'apparition inusitée, c'est-à-dire des « oiseaux rares » qui visitent le Québec chaque année mais en nombre si faible qu'on ne peut espérer en trouver à chaque sortie. Si leur découverte résulte de la fréquentation élevée du site par les observateurs, leurs présences répétées sont sans doute une indication que le site possède des attraits particuliers. Ces attraits sont très souvent de nature écologique, ce qui devrait inciter à la conservation de ces sites (en raison évidemment de leur valeur intrinsèque et non pas à cause des espèces rares qu'on y a trouvées).

La section intitulée « À proximité » fournit, dans certains cas, des indications pour l'observation à proximité du site traité.

Outre les sites décrits en détail, on trouvera à la fin du volume un choix d'Autres sites aménagés, essentiellement des parcs de conservation ou des centres d'interprétation de la nature. Pourvus de sentiers et d'infrastructures d'accueil, tous constituent des destinations à ne pas manquer pour l'observation des oiseaux forestiers durant la belle saison. À ce titre, les centres éducatifs forestiers du ministère de l'Énergie et des Ressources n'ont pas toujours reçu des ornithologues amateurs l'attention qu'ils méritent.

L'Index répertorie toutes les espèces mentionnées dans le texte. On l'utilisera pour connaître les destinations où il est possible d'observer une espèce en particulier. À quatre ou cinq exceptions près, toutes les espèces à aire restreinte ou très localisée dans la sud du Québec sont mentionnées au moins une fois.

Conseils généraux

Certains des sites traités dans cet ouvrage sont des propriétés privées. Les observateurs qui s'y rendront devraient s'y conduire comme ils voudraient que des visiteurs se conduisent chez eux, c'est-à-dire avec politesse et respect du bien d'autrui. À cet égard, s'en tenir aux énoncés du Code d'éthique que l'Association québécoise des groupes d'ornithologues a adopté est une bonne façon d'inciter la population à continuer à bien accueillir les observateurs d'oiseaux.

Dans tous les cas où un site se prête à l'observation d'oiseaux aquatiques, il est presque toujours indiqué d'utiliser une lunette (ou « télescope »), sans quoi bien des oiseaux ne pourront être observés de façon satisfaisante.

On se rappellera également que la marée constitue un facteur dont il faut tenir compte. La plupart des sites où celle-ci se fait sentir offrent moins d'intérêt à marée complètement basse ou complètement haute. Les oiseaux sont généralement plus nombreux et plus rapprochés des points d'observation lorsque la marée finit de monter et commence à descendre.

Remerciements

La rédaction de cet ouvrage a été grandement facilitée par les renseignements et les conseils fournis généreusement par un grand nombre de personnes. Je tiens donc à remercier particulièrement les personnes suivantes: Sylvie Gagnon, Jean Lapointe, André Fradette, Michel Gosselin, Daniel Toussaint, Daniel Saint-Hilaire, Gaétan Duquette, Pierre Bannon, Paul Boily, André Cyr, François Shaffer, Marc Martineau, Raymond Piché, Desneiges Perreault, Robert Lord, Réal Pelletier, Daniel Jauvin, Jean Paquin, Patrice Paquin, Alain Côté, Charles Vachon, Yves Aubry, Louis Fortin, Sarto Carrier, Christiane Girard, Michel Savard, Claudette Cormier, Germain Savard, Marc Boudreau, Adalbert Bouchard, Gérard Cyr, Bruno Duchesne, Jacques Larivée, Claude Auchu, Jean-Pierre Ouellet, Réal Bisson, Jean Gaudreault, Pierre Fradette. Que ceux et celles que j'aurais oubliés sachent que ma gratitude leur est tout autant acquise. Il va de soi que toute erreur et toute omission sont mon entière responsabilité.

Plusieurs renseignements ont également été tirés des ouvrages suivants:

Guide d'observation des oiseaux de l'Outaouais (Club des ornithologues de l'Outaouais, 1985);

Itinéraire ornithologique de la Gaspésie (Club des ornithologues de la Gaspésie, 1988);

L'observation des oiseaux au lac Saint-Pierre (Société ornithologique du centre du Québec, 1988).

Les nombreuses personnes qui ont apporté leur concours à la réalisation de ces ouvrages ont droit à nos remerciements.

J'ai une pensée toute spéciale pour Pierre Drapeau, Alain Leduc et Michel Robert. Ils m'ont évité la solitude au cours de diverses tournées pour visiter plusieurs sites décrits ici et ont accepté de se plier aux exigences d'itinéraires et d'horaires chargés. Leur aide et leurs conseils ont en outre contribué à fixer la portée de l'ouvrage.

Je tiens enfin à témoigner à Line Bariteau toute ma reconnaissance pour l'exécution des cartes, indispensables dans ce genre d'ouvrage. Loin de travailler dans des conditions idéales, elle a su faire preuve d'initiative et de professionnalisme et m'a donc épargné de nombreux soucis.

Abitibi

1

Cette région à vocation avant tout minière et forestière s'étend sur un relief généralement plat d'où émergent ici et là des collines relativement peu élevées. Largement couverte de forêts de conifères et truffée de lacs et de cours d'eau innombrables, elle comprend également quelques secteurs entièrement défrichés et voués à l'agriculture.

Bien que l'avifaune de l'Abitibi soit moins riche que celle de la plupart des autres régions de la province, elle recèle néanmoins des éléments tout à fait particuliers. C'est la seule région du Québec où nichent le Grèbe jougris et la Gélinotte à queue fine. En raison de l'augmentation de ses effectifs dans les marais qui bordent la baie James, la Grue du Canada se montre assez régulièrement dans les champs au moment de la migration printanière (habituellement avec la Bernache du Canada). La même chose peut être dite du Cygne siffleur, qui s'arrête parfois au printemps sur certains lacs ou dans un marais.

De toutes les espèces particulières à cette région, la Gélinotte à queue fine est sans doute la moins bien connue. Ses effectifs semblent en effet si clairsemés que les observations de cette espèce sont généralement le fruit d'un hasard bien peu fréquent au bord des routes, principalement vers le nord et l'ouest de la région. Il semble bien que la meilleure façon pour arriver à observer cette espèce est de se faire indiquer un endroit où elle passe l'hiver, mais encore faut-il que quelqu'un la découvre!

Le Bruant de Le Conte et la Paruline à gorge grise sont deux autres espèces particulières à cette région. Le premier fréquente surtout les champs non cultivés (voir la région du lac Abitibi), tandis que la seconde habite les forêts de pins gris. L'observateur venu du Sud remarquera en outre que le Bruant de Lincoln est largement répandu dans les terrains pourvus de buissons épars, souvent en plus grand nombre que le Bruant chanteur.

Bruant de Lincoln

Michel Sokolyk

Paul Perreault

1. La région du lac Abitibi

Rouyn-Noranda

De part et d'autre de la partie est du lac Abitibi s'étend un des coins les plus pittoresques du Québec. C'est en quelque sorte le grenier de l'Abitibi puisqu'on y trouve les plus belles terres agricoles de la région. Le décor prend un cachet vraiment idyllique lorsque, à l'aube et au crépuscule, des bancs de brume déventés s'écrasent dans les dépressions sous le poids d'un silence saisissant où les chants des oiseaux prennent toute leur richesse.

En plus d'y trouver le Bruant de Le Conte en quelques endroits, et peut-être même la Gélinotte à queue fine, on y verra les oiseaux typiques des terrains découverts (du Bruant de Lincoln au Hibou des marais) et quelques marais riches en oiseaux aquatiques, dont l'ornithologue canoteur découvrira encore mieux tous les secrets.

Meilleures périodes — Les oiseaux aquatiques sont présents dans les marais de la fin d'avril à la fin de septembre. Quant aux oiseaux terrestres, c'est surtout en juin et en juillet qu'il faudra chercher à les observer.

Accès — Située au nord de Rouyn-Noranda, cette région assez vaste s'étend principalement à l'ouest de la route 393, depuis Duparquet jusqu'à La Sarre et La Reine.

Au site — Le visiteur qui en est à sa première visite dans cette région ne manquera pas d'être frappé par un élément du paysage tout à fait particulier: les arbres au feuillage d'un vert très sombre (et qui tombe très tard en automne) qui ornent le devant de toutes les maisons de ferme. Il s'agit d'un saule vraisemblablement planté qui prend des propor-

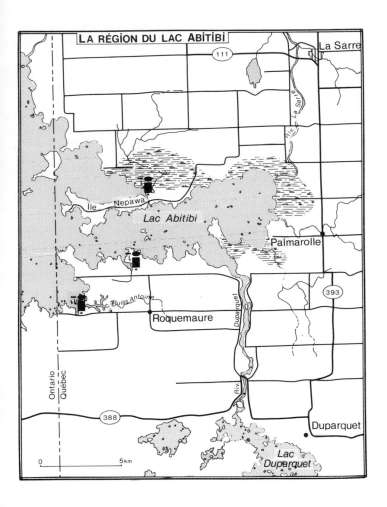

tions démesurées lorsqu'on le laisse croître dans ces conditions.

Les sites suivants sont les plus intéressants pour l'observation de la sauvagine et des oiseaux de marais.

1) La rivière Duparquet: Chacune de ses rives est longée par une route d'où l'on cherchera à voir les rassemblements de canards, principalement en mai lors de la migration printanière.

2) Le ruisseau Antoine: Quelques bras de ce cours d'eau s'approchent de la route qui s'étend à l'ouest de Roquemaure. Cependant, c'est en canot que l'on fera sans doute les meilleures découvertes: le Cygne siffleur a déjà été observé dans les marais où le ruisseau serpente; le Râle jaune et le Bruant de Le Conte s'y rencontrent en période de nidification.

3) Le ruisseau sans nom qui coupe le rang qui s'étend d'est en ouest au nord de Roquemaure, à environ 1,5 kilomètre à l'ouest de la montée qui vient du village.

4) Le chenal qui sépare l'île Nepawa de la terre ferme. Ici encore de longues explorations s'offrent à l'ornithologue canoteur.

C'est dans les champs non cultivés des rangs qui s'étendent près du lac Abitibi qu'il faudra chercher à découvrir le Bruant de Le Conte. Ces dernières années, on l'a signalé entre autres le long de la route à l'ouest de Roquemaure, dans le rang situé à trois kilomètres au nord de Roquemaure (à environ 1,5 kilomètre à l'ouest du ruisseau sans nom qui coupe la route) et vers l'extrémité du rang qui s'étend vers l'ouest au sud de Palmarolle. Bien qu'on le retrouve année après année à certains endroits, ce bruant ne semble former de colonies stables nulle part, sans doute en raison des pratiques agricoles ou de l'évolution naturelle des formations herbacées. Il s'établit de préférence dans les champs non cultivés où poussent des herbes différentes en formant des étendues de hauteur inégale. Il est donc possible de découvrir des individus un peu partout dans la région. On le trouve assez facilement lorsqu'on se met à l'écoute de son chant à l'aube ou au crépuscule des jours sans vent. Appliqué à cet oiseau, « chant » est un bien grand mot car il ne s'agit que d'un grésillement bref (ti-bizzz-tip), qui s'apparente à celui d'un insecte; toutefois, il porte assez loin.

Bruant de Le Conte

Yves Aubry

2. Les lacs de Rouyn-Noranda

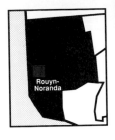

Rouyn-Noranda

À l'intérieur même des limites de l'agglomération de Rouyn-Noranda, on trouve quelques lacs (Pelletier, Noranda, Édouard, Osisko et Fiske) où il est relativement facile d'observer de nombreuses espèces de canards et d'oiseaux de marais. Le Grèbe jougris y niche, de même que le Canard roux parfois.

À proximité de la ville, se trouvent les collines Kékéko: c'est un site de choix pour l'observation des oiseaux forestiers.

Meilleures périodes

— Des canards sont susceptibles de se rassembler sur ces lacs lorsqu'ils sont libres de glaces, mais les périodes de migration (de la mi-avril jusqu'en juin, septembre et octobre) demeurent toujours les meilleures.

Accès

— Les indications pour se rendre à chaque lac se trouvent sous la rubrique suivante.

Au site

— Le lac Édouard fait partie d'un parc municipal situé en plein coeur de la ville; on y a accès en se rendant à la jonction de la rue Notre-Dame ouest et de l'avenue Principale. À la belle saison, la municipalité y relâche des oies et des canards domestiques auxquels se joignent des canards indigènes, y compris parfois le Canard chipeau et le Canard souchet. Le Grèbe jougris s'y rencontre aussi et le Petit Morillon y niche.

Le lac Noranda est situé du côté ouest de la ville; on s'y rend en empruntant la route 117 (rue Gamble) et ensuite le chemin Senator, au sud duquel, près d'édifices gouvernementaux, s'étendent des terrains vagues jusqu'au bord du lac. Le Grèbe jougris a déjà niché dans cette section du lac, de même que divers canards. Quelques oiseaux de rivage fréquentent les rives en période de migration.

Le côté est de la ville est baigné par la portion sud du lac Osisko. On y observera les oiseaux depuis deux parcs riverains, le parc des Pionniers et le parc Trémoy, accessibles respectivement par l'avenue du Lac et le chemin Trémoy.

Situé du côté sud-ouest de la ville, le lac Pelletier est le plus grand de ces cinq lacs. Le Grèbe jougris y a déjà niché, de même que le Canard sou-

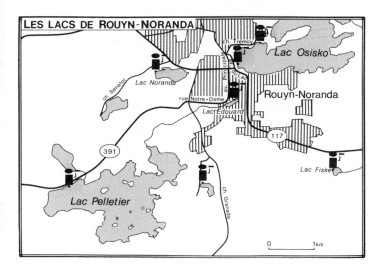

chet et la Mouette de Bonaparte. Le Râle de Virginie et le Râle de Caroline fréquentent ses bordures marécageuses et au fil des ans de nombreuses espèces de canards s'y sont arrêtées, y compris le Canard chipeau et le Canard branchu. En plus de se servir d'un canot comme moyen d'exploration, on peut également observer les oiseaux à partir de la route 391, là où elle se rapproche de la rive nord-ouest du lac. Du côté est se trouve un étang, séparé du lac par des résidus miniers, où des canards se rassemblent également, y compris le Grèbe jougris. On peut s'y rendre en empruntant un chemin de terre qui croise le chemin Granada (continuation du boulevard Québec) près du magasin de pièces d'automobile U. A. P.

Quant au lac Fiske enfin, il est situé à la sortie est de la ville, au sud de la route 117. Situé au pied d'un talus, ce lac marécageux est fréquenté par divers canards et oiseaux de marais.

À proximité — Les collines Kékéko, situées à une douzaine de kilomètres au sud-ouest de la ville, constituent un site de choix pour l'observation des oiseaux forestiers, principalement en mai, en juin et en juillet. En période de nidification, une vingtaine de parulines différentes peuvent y être observées; le Tangara écarlate s'y rencontre à chaque année, de même que l'Engoulevent bois-pourri mais ce dernier dans certains secteurs moins accessibles. On accède à ces collines par un sentier qui coupe la route 391 à environ 6,5 kilomètres au sud du lac Pelletier (à environ huit kilomètres au nord de Beaudry).

Jean Lapointe

3. La région de Val-d'Or

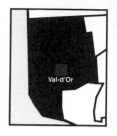

Les oiseaux particuliers qu'on peut observer à peu de distance de la ville montrent qu'il est toujours possible de faire des découvertes inté-ressantes à proximité de chez soi. L'une des spé-cialités de la région est la présence régulière de la Grue du Canada à l'époque des migrations.

Meilleure période — Les mois de mai, juin et juillet constituent la meilleure période pour l'observation des oiseaux signalés ici.

Accès — Les indications appropriées sont indiquées ci-après.

Au site — Malgré les lacunes dans nos connaissances sur les oiseaux de l'Abitibi, les activités des orni-thologues amateurs de la région ont permis de découvrir que le Balbuzard pêcheur niche en quelques endroits autour du lac De Montigny. Ce grand rapace diurne n'hiverne pas au Québec car il s'est spécialisé dans la capture des poissons qu'il saisit dans ses serres, après avoir effectué un plongeon spectaculaire. Il construit habituellement son nid à découvert, au sommet d'un arbre mort, d'un pylône ou même sur un rocher au milieu de l'eau. Le Cormoran à aigrettes est un autre oiseau nicheur qui fréquente ce lac.

Ces dernières années, au moment de la migration printanière, la Grue du Canada s'est arrêtée près de Val-Senneville (à une quinzaine de kilomètres au nord-est par la route 397). On trouve habituellement un, deux ou trois individus en compagnie des troupeaux de la Bernache du Canada qui fréquentent, en fin d'avril et en mai, les champs et les terres humides qui s'étendent de part et d'autre des routes situées à proximité du village. En septembre 1988, une vingtaine de grues ont fréquenté le site pendant quelque temps; il s'agit peut-être là d'une indication que le site constitue une halte migratoire aussi bien à l'automne qu'au printemps.

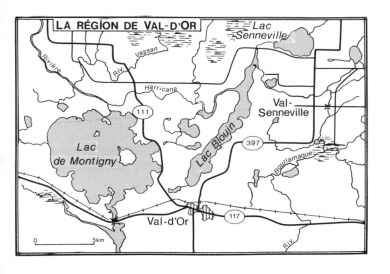

4. La région d'Amos

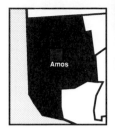

Amos

À l'ouest de la ville, se trouvent deux plans d'eau, le lac Gauvin et le lac Georges, où l'on pourra observer canards et oiseaux de marais, y compris la Guifette noire. À proximité, on pourra chercher à découvrir le Bruant de Le Conte et la Paruline à gorge grise, deux espèces rarement observées en dehors de l'Abitibi.

Meilleures périodes — Les mois de mai à novembre constituent la meilleure période pour l'observation des oiseaux aquatiques, tandis que c'est en juin et en juillet qu'il faudra chercher à découvrir le Bruant de Le Conte et la Paruline à gorge grise.

Accès — Les lacs Gauvin et Georges sont situés en bordure de la route 111, à environ six kilomètres à l'ouest d'Amos.

Au site — Au fil des ans, une variété impressionnante de canards, autant barboteurs que plongeurs, ont été observés dans les eaux du lac Gauvin. Les barboteurs seront plus nombreux au printemps (mai et juin), tandis que les plongeurs le seront à l'automne (de septembre à novembre). La présence du Canard roux dans le passé montre que ce lac est un lieu de rassemblement susceptible d'attirer les espèces de passage ou égarées. On observera à partir du bord de la route 111, aux deux extrémités du lac principalement.

Le lac Georges est un grand étang marécageux situé en retrait d'une route secondaire, au sud de la route 111. Une tour d'observation est érigée à son extrémité sud-ouest. On y accède, non sans quelque difficulté, en suivant sur une centaine de mètres la rive nord du ruisseau qui coupe la route. Ce lac est un site de choix pour l'observation des canards barboteurs et des oiseaux de marais, y compris la Guifette noire.

À proximité — À environ 1,3 kilomètre à l'ouest du village de Villemontel (lui-même situé à une douzaine de kilomètres à l'ouest du lac Gauvin), on pourra chercher à voir le Bruant de Le Conte dans les champs qui s'étendent au nord de la route 111. Quant à la Paruline à gorge grise, il faudra la chercher dans les formations de Pins gris qui bordent la route secondaire qui conduit vers le nord depuis Villemontel. Ces dernières années, on l'a observée dans les secteurs situés respectivement à environ 13 et 25 kilomètres au nord du village.

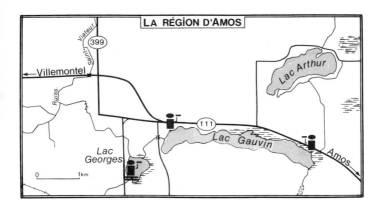

5. Le parc d'Aiguebelle

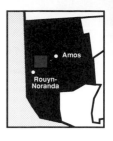

Situé vers le centre d'un quadrilatère dont les coins sont les quatre grandes agglomérations de la région (Amos, Val-d'Or, Rouyn-Noranda et La Sarre), le parc d'Aiguebelle réunit toutes les conditions pour être un site de choix pour l'observation des oiseaux forestiers. La diversité des peuplements parvenus à maturité et appartenant aux associations végétales typiques de la région fait qu'on pourra observer dans ce parc toutes les espèces d'oiseaux se rencontrant régulièrement en Abitibi. Le parc est pourvu d'un camping et de nombreux sentiers qui permettent la randonnée pédestre. Enfin, diverses curiosités géomorphologiques rendent un séjour dans ce site encore plus intéressant.

Meilleure période — Les mois de mai, juin et juillet constituent la période la plus favorable.

Accès — Le parc d'Aiguebelle possède trois postes d'accueil, respectivement accessibles par Taschereau, Destor et Mont-Brun. Celui de Mont-Brun demeure le plus pratique. Deux routes secondaires situées à proximité de Rouyn-Noranda y conduisent, l'une à partir de la route 101 à une quinzaine de kilomètres au nord, et l'autre à partir de la route 117 à une trentaine de kilomètres à l'est.

Au site — Si l'on vient au parc par Mont-Brun, on fera bien d'examiner les abords de la route entre le village et l'entrée du parc car le Merle-bleu de l'Est

occupe parfois l'un ou l'autre des nichoirs fixés
aux piquets ou aux arbres en retrait de la route.
Tôt en mai, on pourra également observer des
rassemblements de canards sur la rivière Kinojé-
vis.

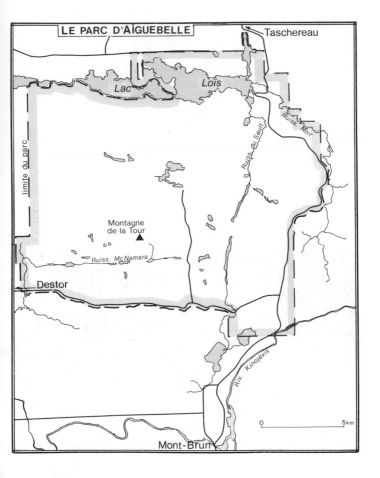

Le parc d'Aiguebelle renferme le plus haut sommet de l'Abitibi, la montagne de la Tour qui culmine à 566 mètres. La ligne de partage entre les eaux qui s'écoulent vers la baie James et celles qui vont au fleuve Saint-Laurent passe à travers le parc. On y trouve enfin les traces d'une activité volcanique très ancienne et celles du passage très récent des glaciers quaternaires, l'une et l'autre largement responsables du paysage accidenté du parc.

Parcourir les sentiers qui conduisent à ces points d'intérêt fournit autant d'occasions d'observer les oiseaux qui habitent les formations forestières du parc. Comme celles-ci sont variées et situées souvent côte à côte, l'observation ne demande pas des déplacements trop grands, particulièrement en période de nidification. On peut même espérer rencontrer la Gélinotte à queue fine car elle a déjà été signalée à quelques reprises au bord des routes qui traversent le parc. Il est également possible d'observer les oiseaux en hiver en pratiquant la raquette ou le ski de randonnée.

Viréo de Philadelphie

Normand David

2

*O*utaouais

Cette région abrite une avifaune dont la richesse traduit bien la variété des paysages qui la composent: marais sur les rives de la rivière des Outaouais, forêts de feuillus vers le sud et massifs conifériens vers le nord. Avec les attroupements de canards plongeurs à proximité des rapides Deschênes à l'automne, les rassemblements printaniers par milliers de la Bernache du Canada dans la réserve de Plaisance constituent les spectacles ornithologiques majeurs de la région. L'oiseau typique de l'Outaouais est sans aucun doute l'Urubu à tête rouge; on le rencontre tout le long du pied des Laurentides, et notamment à l'escarpement d'Eardley. À Rapides-des-Joachims enfin, on trouvera l'un des rares sites accessibles du sud de la province où observer le Pygargue à tête blanche.

1. Rapides-des-Joachims

Le Pygargue à tête blanche, l'oiseau emblème des États-Unis, est encore nombreux sur les côtes de l'Alaska et de la Colombie-Britannique, mais rare ailleurs en Amérique du Nord. Au Québec, il niche dans les régions largement inhabitées de la moitié méridionale, habituellement près d'une grande étendue d'eau. À l'exception peut-être de l'île d'Anticosti, il est très difficile d'indiquer un site où l'on soit pratiquement assuré de l'observer. Mais chaque année à Rapides-des-Joachims, un, deux ou trois individus hivernent à proximité d'une portion non gelée de la rivière des Outaouais.

Meilleure période — De façon générale, le Pygargue à tête blanche est présent au site de la fin de décembre à la fin de mars.

Accès — Rapides-des-Joachims est situé à environ 200 kilomètres à l'ouest de Hull. Ce petit village est en territoire québécois mais il faut passer par l'Ontario pour s'y rendre. Le chemin le plus direct consiste à suivre la route Transcanadienne vers l'ouest à partir d'Ottawa (autoroute 417 et ensuite route 17 de l'Ontario); la route contourne Pembroke et Petawawa et traverse Deep River. À une quinzaine de kilomètres à l'ouest de Deep River (juste avant Rolphton), on prendra à droite la route 635 (à l'indication « Des Joachims »). Il faut ensuite rouler quelques kilomètres, traverser un bras de la rivière des Outaouais, rouler encore moins de deux kilomètres en gardant la droite et s'arrêter au bord de la rivière en face de l'hôtel Pointe-aux-Pins.

En raison de l'éloignement (si on ne vient pas de la région de l'Outaouais), il vaut mieux prévoir une sortie d'au moins deux jours: une pour se rendre à proximité du site et trouver à se loger, l'autre pour le visiter un certain temps et retourner. Restaurants et motels ne manquent pas à Pembroke (65 kilomètres à l'est de Rapides-des-Joachims).

Au site — Vis-à-vis de l'hôtel Pointe-aux-Pins, une portion de la rivière ne gèle pas. Quelques dizaines de canards plongeurs s'y trouvent souvent (Grand Bec-scie, Garrot à oeil d'or). Quant au Pygargue à tête blanche, on le verra passer en vol ou posé

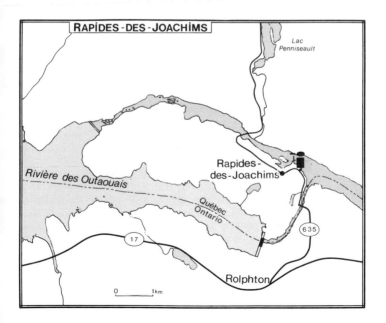

sur la glace. Mais le plus souvent il est perché dans les grands pins qui se dressent sur le flanc abrupt de la rive opposée. On n'aura évidemment aucun mal à identifier un oiseau adulte. Cependant, il arrive parfois qu'un immature soit présent. Il est tout brun sombre à l'exception de la partie antérieure du dessous de l'aile qui est plus ou moins marbrée de blanc. Si on voit un oiseau marqué de cette façon, on fera bien, par acquit de conscience, de s'assurer qu'on n'a pas affaire à un Aigle royal car la présence de cette espèce n'est pas impossible. Chez l'Aigle royal, le blanc du dessous de l'aile se limite habituellement à la base des primaires.

Le Pygargue à tête blanche se nourrit principalement de poissons morts ou mourants. Il lui arrive également de s'attaquer à des canards affaiblis ou de s'approprier la carcasse d'un mammifère. En somme, c'est un rapace avant tout charognard, contrairement à l'Aigle royal qui chasse surtout des proies vivantes.

Le Geai du Canada est le seul autre attrait de la région qui soit digne de mention. Pour l'observer il faut cependant poursuivre sa route dans le village, prendre à droite le chemin qui mène au pont enjambant l'autre bras de la rivière et rouler une quinzaine de kilomètres en forêt sur une route sinueuse. Le Geai du Canada se tient à proximité des camps et des chalets occupés dans le secteur du lac Péniseault. Les observateurs qui se sont rendus à cet endroit ont eu de la facilité à l'attirer en allumant un petit feu au moment de casser la croûte. Très peu farouche, l'oiseau n'hésite pas à prendre le morceau de pain qu'on lui tend. Avec un peu de chance, on verra peut-être aussi la Mésange à tête brune ou le Bec-croisé à ailes blanches (entre le village et le secteur du lac Péniseault).

Yves Aubry

2. L'escarpement d'Eardley

L'Urubu à tête rouge se rencontre régulièrement en plusieurs endroits du sud-ouest de la province, mais ce site est sans doute celui où on le trouvera pratiquement à coup sûr à chaque visite. Dominant la plaine cultivée sur plusieurs kilomètres, cet escarpement constitue le rebord du bouclier laurentien. Cette forme de relief favorise la formation de courants d'air ascendants que les urubus sont nombreux à utiliser pour se laisser glisser à la recherche de nourriture. De nombreux autres rapaces diurnes font d'ailleurs de même. Tout près, on trouvera également le seul site de la province que fréquente régulièrement le Pic à tête rouge depuis quelques années.

Meilleures périodes — L'Urubu à tête rouge est surtout présent du début d'avril à la fin de septembre. Quant au Pic à tête rouge, il est surtout présent de mai à août.

Accès — Les sites sont tous situés à proximité de la route 148, à une quinzaine de kilomètres à l'ouest de Aylmer.

Au site — On verra souvent un urubu planer le long de la route 148 sur les quelques kilomètres où les voies sont doublées. On pourra également s'approcher de l'escarpement en se rendant au coude du chemin Cregheur ainsi qu'à l'extrémité du chemin Pilon. C'est surtout à compter de la fin de la matinée, au moment où l'air se réchauffe suffisamment, que les urubus survolent l'escarpement. Vers la fin de l'été, on en a déjà vu quelques di-

zaines ensemble. Le Grand Corbeau fréquente
également ces parages. Les rapaces diurnes aussi, particulièrement lors de la migration automnale;
on aura peut-être alors la chance d'observer un
Aigle royal ou un Pygargue à tête blanche.

Pour chercher à observer le Pic à tête rouge, il
faut se rendre sur le chemin Rivière, entre la voie
ferrée et le chemin des Dominicains. Depuis plusieurs années, l'oiseau niche dans l'un des nombreux arbres morts qui se dressent du côté est du
chemin. Les terres agricoles environnantes sont
également un bon milieu pour chercher à voir la
Maubèche des champs.

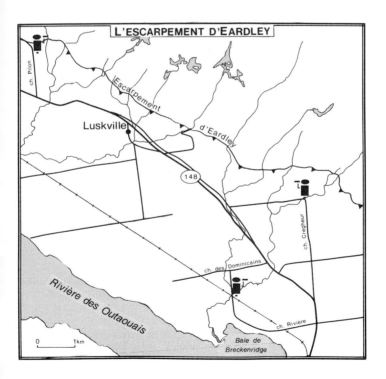

3. *Les mangeoires Moore*

*Les mangeoires Moore cons-
tituent le poste d'alimentation
hivernal le plus important de
la région. Ces mangeoires,
plus d'une quarantaine, sont*
entretenues grâce à la collaboration du Club des
ornithologues de l'Outaouais et du Ottawa Field-
Naturalists' Club. On y verra la plupart des passereaux qui hivernent ici et même quelques rapaces.

**Meilleure
période** — Les mangeoires sont entretenues de novembre à mars.

Accès — Les mangeoires sont situées sur la propriété
de monsieur L. J. Moore, au 784 du chemin Pink,
à 0,9 kilomètre à l'ouest du chemin Klock, au nord
d'Aylmer. Les visiteurs doivent garer leur véhicule
le long du chemin Pink et emprunter le chemin
d'accès dont un panneau indicateur montre l'entrée. Le sentier menant aux mangeoires est situé
une centaine de mètres plus loin, vers la gauche.

Au site — Les mangeoires, que les gens sont invités à visiter en circulant dans un sentier balisé, sont dis-
posées dans un bois de conifères mêlés. Les
espèces rencontrées régulièrement incluent le
Gros-bec errant, le Geai bleu, la Mésange à tête
noire, la Sittelle à poitrine blanche, la Sittelle à poitrine rousse, le Pic mineur, le Pic chevelu, le Junco ardoisé, le Cardinal rouge, le Bruant hudsonien
et le Roselin pourpré. Des oiseaux comme le
Chardonneret des pins, le Dur-bec des pins et le
Sizerin flammé sont nombreux ou totalement absents selon les hivers. Parmi les espèces rare-

ment observées, il faut mentionner le Grand Pic, la Gélinotte huppée, le Geai du Canada, la Mésange à tête brune, le Sizerin blanchâtre, le Bec-croisé rouge et le Bec-croisé à ailes blanches. La grande concentration d'oiseaux à ces mangeoires ne manque pas d'attirer la Pie-grièche grise ou un rapace, Épervier brun, Épervier de Cooper ou Autour des palombes. En février et en mars, c'est un très bon endroit pour entendre le Grand-duc d'Amérique et la Petite Nyctale en soirée.

4. Les rapides Deschênes

Hull

Entre Hull et Aylmer, les eaux de la rivière des Outaouais, marquées par la présence de rapides, constituent un site de rassemblement exceptionnel pour de nombreux oiseaux aquatiques. En fait, on pourra y observer tous les canards et tous les goélands qui ont été vus dans la région, de même que divers oiseaux de rivage. Le site est d'autant plus intéressant qu'on peut y faire de l'observation en toute saison car certaines portions de la rivière ne gèlent pas en hiver.

Meilleures périodes
— Si la variété des espèces est plus grande en automne, c'est-à-dire de septembre à novembre, il n'en demeure pas moins qu'on pourra y faire des observations intéressantes à tout moment de l'année.

Accès
— On se rendra à divers points d'observation en effectuant une tournée de Hull à Aylmer par la route 148 et le boulevard Lucerne.

Au site
— Le premier de ces points d'observation est le parc Brébeuf. On s'y rend en empruntant la route 148 (boulevard Taché) vers l'ouest et en s'engageant à gauche (vers le sud) sur la rue Bégin (à la hauteur de la Promenade de la Gatineau). Le parc est situé à l'extrémité de la rue Bégin. En hiver, certaines sections de la rivière ne gèlent pas et diverses espèces y séjournent: le Canard noir et le Garrot à oeil d'or par centaines, le Canard colvert et le Grand Bec-scie par dizaines; parmi eux, on découvrira peut-être le Garrot de Barrow ou un hi-

vernant tout à fait inusité comme le Canard arlequin. Dès la fin de l'hiver, les goélands se font
nombreux et on y trouve souvent le Goéland
bourgmestre. Du mois d'avril à la fin de mai, la
plupart des canards rencontrés dans l'Outaouais
sont observés dans la baie qui s'étend à l'ouest du
parc; en mai, on verra en outre la Mouette de Bonaparte et la Sterne pierregarin. En été, le Canard
branchu occupe quelques-uns des nichoirs installés le long de la rive entre le parc et le pont Champlain. En août et en septembre, le parc Brébeuf
devient un site de choix pour l'observation des oiseaux de rivage: ceux-ci se tiennent sur les rochers plats qui émergent à proximité du rivage. En
octobre et en novembre enfin, les grèbes et divers
canards plongeurs (morillons, Garrot à oeil d'or,
Petit Garrot, Bec-scie couronné et Grand Bec-scie
en particulier) se font nombreux dans la baie qui
s'étend à l'ouest du parc.

Les autres sites d'observation sont situés à l'ouest
du pont Champlain. Ce sont tous des points de

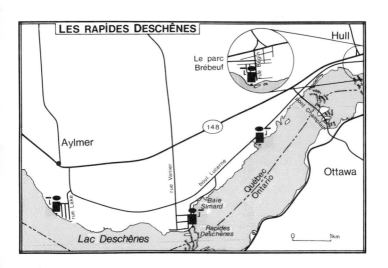

vue d'où observer les laridés: le Goéland arctique et le Goéland bourgmestre (en novembre et en décembre surtout), la Sterne pierregarin et la Guifette noire (de mai à août), la Sterne arctique (qui est très rare de la mi-mai à la mi-juin). D'autres espèces encore plus rares y ont été signalées également: Mouette de Sabine, Mouette de Franklin, Mouette pygmée, Sterne caspienne ainsi que des labbes.

Depuis la route 148, on prendra d'abord la route qui conduit au pont Champlain, mais avant celui-ci on tournera à droite (vers l'ouest) sur le boulevard Lucerne. Le premier site est situé à 1,7 kilomètre à l'ouest de l'intersection: il faudra s'arrêter près d'une cabane brune et marcher jusqu'au bord de la rivière. À environ 1,4 kilomètre à l'ouest de la cabane brune, on verra à gauche un chemin de gravier qui conduit près des bords de la baie Simard. À ces deux endroits les rives sont plutôt marécageuses; des canards barboteurs y nichent en été. C'est durant la migration automnale que les espèces aquatiques sont les plus nombreuses. Dès septembre, des centaines de canards barboteurs se rassemblent. Ils sont suivis en octobre et en novembre par les plongeurs: morillons, garrots, grèbes, huarts, becs-scie, macreuses. Certaines journées, les deux ou trois centaines de Becs-scie couronnés en plumage nuptial forment un spectacle vraiment unique. Avec un peu de chance, on découvrira peut-être parmi tous ces oiseaux le Morillon à dos blanc, le Morillon à tête rouge ou le Canard kakawi. Au printemps, ces oiseaux sont moins nombreux, mais les bois et les champs qui bordent la rivière constituent des sites de choix pour l'observation des passereaux en migration (de la mi-avril à la fin de mai).

Après avoir roulé encore vers l'ouest sur le boulevard Lucerne, on croise la rue Vanier: il faut la prendre vers le sud et on se retrouve juste en haut des rapides Deschênes, libres de glace en hiver.

On y observera les mêmes espèces qu'au parc Brébeuf. Le meilleur point d'observation est situé au pied des rapides, à l'extrémité de la rue Martel.

On trouvera enfin d'autres sites d'observation dans le secteur Wychwood qu'on atteint par la rue Lake, à trois kilomètres à l'ouest de l'intersection de la rue Vanier et du boulevard Lucerne; plusieurs des rues parallèles à la rue Lake aboutissent en cul de sac à la rivière et constituent autant de points d'observation. À la saison propice, les canards plongeurs sont nombreux vers le large et des oiseaux de rivage fréquentent la rive.

Canard souchet

5. La réserve faunique de Plaisance

Hull

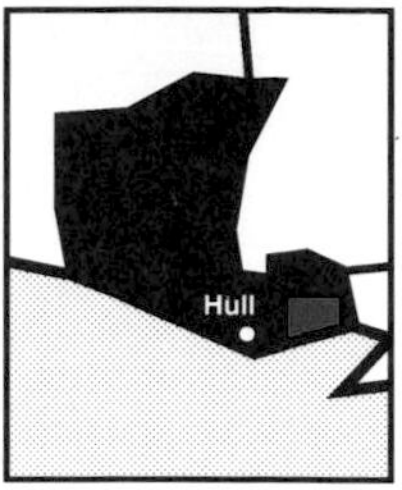

À l'est de Hull, entre Thurso et Papineauville, la rive nord de l'Outaouais est constituée de baies marécageuses où il est possible d'observer à loisir les oiseaux de marais nicheurs et la sauvagine en migration printanière. Le spectacle des milliers d'outardes (Bernache du Canada) en migration est aussi impressionnant que celui auquel on peut assister sur les rives du lac Saint-Pierre, à l'est de Montréal. En été, on aura l'occasion de découvrir toutes les espèces typiques des marais d'eau douce, y compris le Petit Butor.

Meilleures périodes — Les rassemblements de la sauvagine en migration ont surtout lieu de la mi-avril à la mi-mai, tandis que la période de juin à septembre est la plus propice pour l'observation des oiseaux de marais.

Accès — Les trois sites décrits ci-dessous, le marais de Thurso, la baie Noire ouest et les presqu'îles de Plaisance, sont situés à proximité de la route 148 et font partie de la réserve faunique de Plaisance. Chacun offre des attraits particuliers et peut être visité séparément.

Au marais de Thurso

Le marais de Thurso a l'avantage d'être pourvu d'une plate-forme d'observation (érigée par le Club des ornithologues de l'Outaouais). Pour s'y rendre, il faut emprunter le chemin du Quai au centre du village de Thurso; il croise la route 148 au feu de circulation. On peut garer la voiture près du quai. De là, il faut marcher environ un kilomètre vers l'est dans un sentier qui longe le rivage. En raison de la crue, le marais est difficilement accessible au printemps. De toute façon, même après le retrait des eaux, il vaut mieux se munir de bottes pour se rendre à la plate-forme d'observation. En parcourant le chemin qui y conduit, on aura l'occasion d'entendre le Moucherolle des aulnes et le Moucherolle des saules (ce dernier est beaucoup moins nombreux). Le sentier qui conduit à la plate-forme (à travers les hautes herbes) est situé immédiatement à l'est de la décharge du marais. Comme la plate-forme a été érigée du côté sud du marais, on y jouit de bonnes conditions d'observation à toute heure du jour. En y demeurant une heure ou deux, on aura l'occasion d'observer la plupart des oiseaux qui habitent un marais d'eau douce, y compris la Foulque d'Amérique. Cet endroit est d'ailleurs réputé comme étant le meilleur de la région pour observer le Petit Butor; on le verra habituellement voler brièvement au-dessus des quenouilles, surtout tôt le matin. Ce marais est enfin l'un des rares de la région où il soit facile d'observer la Guifette noire.

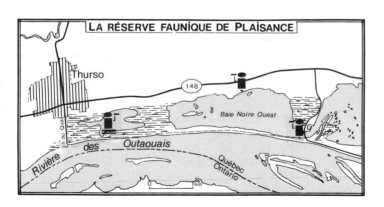

LA RÉSERVE FAUNIQUE DE PLAISANCE

À la baie Noire

La baie Noire ouest peut être observée dans son ensemble depuis la route 148, à environ quatre kilomètres à l'est de Thurso; à cet endroit, une section abandonnée de la route permet de se garer en toute sécurité. Il vaut la peine de s'y arrêter au printemps lorsque le niveau des eaux est élevé; on verra alors de nombreux canards barboteurs et de grands rassemblements de la Bernache du Canada. On y verra parfois l'Oie des neiges, et peut-être une espèce inusitée (Oie rieuse, Grande Aigrette ou Cygne siffleur). En empruntant le chemin situé à deux kilomètres plus loin vers l'est (un panneau brun indique « La baie Noire »), on peut se rendre du côté sud de la baie: il suffit de marcher dans le sentier en direction ouest. On cherchera à voir le Canard branchu: des nichoirs sont installés du côté est de la baie. Au milieu de l'été, l'eau aura baissé considérablement et la végétation sera assez dense, de sorte que l'observation deviendra plus difficile, à moins de circuler en canot.

Aux presqu'îles de Plaisance

Les presqu'îles de Plaisance forment la partie principale de cette réserve et la plus aménagée (terrain de camping, piste cyclable, location de canots). On y accède depuis la route 148 par une entrée bien indiquée, située un peu à l'est du village de Plaisance. Au printemps, plusieurs dizaines de milliers de Bernaches du Canada s'y rassemblent lors de leur migration. Dès la mi-avril, on peut les voir brouter dans les champs de la Grande Presqu'île ou se reposer dans la baie de la Pentecôte. Un festival ornithologique annuel (dernier week-end d'avril habituellement) marque d'ailleurs leur passage. Des naturalistes sont sur place pour guider les visiteurs aux écrans d'observation d'où l'on peut voir les oiseaux de près; on y verra aussi des canards barboteurs ainsi que des oiseaux de marais et on aura peut-être la chance de découvrir l'Oie des neiges ou l'Oie rieuse. Ces écrans sont disposés à divers endroits sur les deux presqu'îles, à proximité de la route. Le meilleur site demeure les étangs aménagés par Canards Illimités sur la Grande Presqu'île. En été, la floraison des plantes aquatiques transforme plusieurs zones humides en jardin flottant. Au sentier d'interprétation La zizanie des marais, une passerelle flottante et une tour d'observation facilitent l'observation. À proximité du camping, des écrans d'observation ont été construits sur les bords de petits étangs.

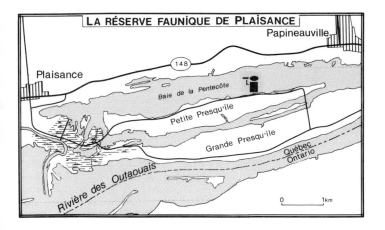

LA RÉSERVE FAUNIQUE DE PLAISANCE

Papineauville

Plaisance

148

Baie de la Pentecôte

Petite Presqu'île

Grande Presqu'île

Québec
Ontario

Rivière des Outaouais

0   1 km

6. La réserve faunique La Vérendrye

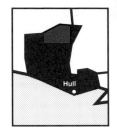

D'une superficie de plus de 13 000 kilomètres carrés et parsemée de plus de 4000 lacs et rivières, cette réserve est couverte par endroits de forêts de conifères de type boréal. On y rencontrera donc des oiseaux comme le Tétras du Canada, la Mésange à tête brune, le Geai du Canada et le Pic tridactyle. Bien que présent, le Pygargue à tête blanche ne s'observe que très rarement.

Meilleure période — Juin, juillet et août constituent la période favorable pour chercher à voir les oiseaux particuliers à la réserve.

Accès — La réserve est située à environ 180 kilomètres de Hull. On s'y rend en empruntant successivement les routes 105 et 117 vers le nord. Quelques campings sont aménagés à l'intérieur de la réserve et il est également possible de louer un chalet. Cette réserve offre également une bonne variété de circuits de canot-camping qui n'ont encore déçu aucun ornithologue.

Au site — Un sentier d'interprétation est aménagé au lac de la Vieille, à 15 kilomètres au nord de l'entrée sud. Le Tétras du Canada, l'un des oiseaux typiques de la réserve, habite entre autres les forêts qui bordent le chemin Lépine (route 13 est) et le chemin du lac Savary. Ces chemins coupent la route 117 à 11 et 19 kilomètres respectivement de l'entrée sud. En fin d'été, l'oiseau est souvent découvert au bord même de la piste. Le Grand Corbeau, le Geai du Canada, la Mésange à tête brune et le Balbuzard sont répandus dans toute la réserve. Le Huart à collier est présent sur presque tous les lacs. Avec un peu de chance, durant un séjour de quelques jours, on découvrira peut-être le Pic tridactyle, le Pic à dos noir ou le Pygargue à tête blanche. Sur les bords du réservoir Dozois, à la hauteur de la route 117, on cherchera à voir le Chevalier solitaire; l'oiseau a déjà niché à quelques reprises à cet endroit.

LA RÉSERVE FAUNIQUE LA VÉRENDRYE

Réservoir Cabonga

Réservoir Dozois

Réserve faunique
La Vérendrye

limite de la réserve

ch. Lépine

Réservoir
Baskatong

117

0   10km

Lac de la
Vieille

Lac Savary

Grand-Remous

7. Le parc du lac Leamy

Sa grande étendue, ses habitats variés et la proximité du centre-ville de Hull font du parc du lac Leamy un site de choix pour l'observation des passereaux. Des voies cyclables, transformées en pistes de ski de fond en hiver, permettent l'accès à toutes les parties du parc en toute saison.

Meilleures périodes
— C'est surtout à la belle saison (de la mi-avril à la mi-juillet) et en hiver (de décembre à mars) que le parc mérite d'être visité.

Accès
— On accède principalement au parc via l'autoroute 5 et le boulevard Saint-Raymond. À l'extrémité est de ce dernier, on emprunte le boulevard de la Carrière vers le nord sur une courte distance et on tourne ensuite à droite vers le parc au panneau indicateur. Ce chemin conduit à un terrain de stationnement, d'où partent les sentiers de randonnée.

Au site
— En hiver, c'est-à-dire de décembre à mars, on pourra parcourir le parc à pied, en raquettes ou en faisant du ski de randonnée. On pourra d'abord observer des oiseaux aux postes d'alimentation installés aux abords de la piste de ski qui longe la rivière Gatineau vers le nord. On y verra évidemment les espèces qui fréquentent habituellement les mangeoires, y compris parfois le Cardinal rouge et la Gélinotte huppée. Il faudra s'aventurer dans la forêt du parc pour espérer découvrir d'autres espèces comme le Pic tridactyle et le Pic à dos noir (leur présence n'est pas annuelle), ou

encore le Grand-duc d'Amérique, lequel d'ailleurs y niche (il couve ses oeufs à compter de mars). En poursuivant au-delà de la forêt vers le nord, on débouche dans des champs attenant à un parc industriel. En cette saison, la Perdrix grise y forme souvent des compagnies qui comptent parfois jusqu'à une trentaine d'individus.

Le lac Leamy n'accueille pratiquement aucun canard, sauf lors de la migration printanière (en avril et en mai). En revanche, la forêt et les champs qui

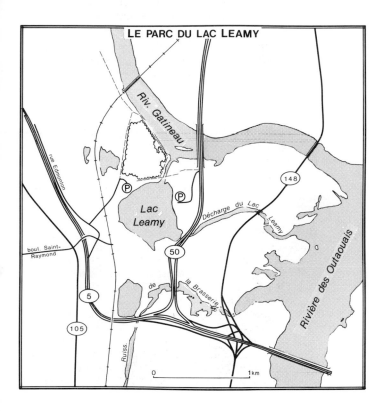

LE PARC DU LAC LEAMY

s'étendent au nord de celle-ci constituent des milieux de choix pour l'observation des passereaux en migration. Là où le sentier longe la rivière Gatineau, on cherchera à voir l'Hirondelle à ailes hérissées: elle niche dans les berges et se mêle aux hirondelles qui survolent la rivière.

En période de nidification, la forêt très luxuriante devient difficilement accessible. En parcourant le sentier qui la ceinture, on découvrira que le Moqueur chat est omniprésent et on verra des espèces telles que le Cardinal à poitrine rose, le Passerin indigo, l'Oriole du Nord et peut-être même le Gobe-moucherons gris-bleu (il a niché à plusieurs reprises près du stationnement). Dans les champs qui s'étendent à l'ouest et au nord de la forêt, on cherchera à voir le Moucherolle des saules, surtout là où des arbrisseaux poussent épars.

Urubu à tête rouge

Normand David

3

*R*égion de Montréal

La région de Montréal, c'est-à-dire le coin sud-
ouest de la province ou la plaine du haut Saint-
Laurent, est la région du Québec la plus riche en
oiseaux nicheurs. Ce sont surtout les passereaux
qui contribuent à cette grande diversité. Comme
dans le sud de l'Outaouais et l'ouest de l'Estrie, on
y rencontre régulièrement la Maubèche des
champs, le Petit-duc maculé, le Moucherolle des
saules, le Tyran huppé, le Troglodyte familier, le
Troglodyte des marais, le Moqueur roux, le Viréo
mélodieux, le Viréo à gorge jaune, le Cardinal rouge, le Passerin indigo, le Roselin familier et l'Oriole du Nord. Par ailleurs, on y trouve la presque
totalité des effectifs nicheurs de plusieurs autres
espèces, entre autres: le Morillon à tête rouge, la
Paruline azurée, le Tohi à flancs roux, le Bruant
sauterelle et le Dindon sauvage; ce dernier est
une addition récente à l'avifaune nicheuse par suite de son expansion dans la région de Hemming-
ford depuis le nord des États-Unis, où la
population de ce magnifique gibier s'est accrue à
la suite de transplantations d'individus sauvages
capturés plus au sud.

Il va sans dire en outre que les grands cours d'eau
comme le Saint-Laurent, l'Outaouais et la
Richelieu offrent aux oiseaux aquatiques des milieux propices à la nidification et à la halte en
cours de migration. Bien que l'agriculture extensi-
ve et l'urbanisation aient largement transformé le
paysage, la région demeure fascinante à explorer,
même au coeur de Montréal.

1. Les marais de Dundee

La rive sud du lac Saint-François, à l'extrémité sud-ouest de la province, est constituée de marais très vastes. Tout ornithologue digne de ce nom devrait visiter au moins une fois dans sa vie ce site au cachet si particulier. Tous les oiseaux typiques de ce milieu y abondent. On y verra entre autres le Troglodyte à bec court, le Moucherolle des saules, le Morillon à tête rouge et la Grande Aigrette. Cette dernière niche depuis quelque temps dans l'une des îles situées au large et vient se nourrir régulièrement dans différentes parties du marais. Le Râle jaune habite également le marais, mais il est très difficile à voir (à moins d'une chance inouïe).

Meilleure période

— Les mois de mai, juin, juillet et août constituent la période la plus favorable pour visiter ce site. Comme le niveau des eaux est habituellement plus élevé en mai et en juin, les surfaces en eau libre du marais sont alors plus vastes et facilitent d'autant l'observation.

Accès

— Étant donné son étendue et sa situation éloignée, il est préférable de prévoir une journée complète pour la visite de ce site (qu'on peut combiner à celle de la réserve du Pin rigide). Si on vient de Montréal, il faut compter environ 90 minutes pour s'y rendre en automobile. Que l'on passe par Valleyfield ou par Châteauguay, il faut suivre la route 132 vers l'est.

Une partie importante de ces marais appartient à la réserve nationale de faune du lac Saint-François, mais les aménagements y sont quasi inexistants. Le reste de ces marais fait partie de la réserve amérindienne de Saint-Régis, laquelle s'étend à la fois sur les territoires du Québec, de l'Ontario et de l'État de New York. Les caprices de la géographie font qu'il faut passer par les États-Unis pour visiter les parties québécoises du marais les plus intéressantes. Avant de se rendre à la douane américaine (où l'on déclarera qu'on se rend observer les oiseaux à Hopkin's Point), il serait indiqué de s'arrêter à la douane canadienne pour inscrire les appareils optiques et photographiques de grande valeur (afin de faciliter les formalités au retour). Les citoyens canadiens passeront du côté américain sans problème aucun. Les citoyens d'un autre pays devront avoir avec eux tous leurs papiers d'identité (ils leur seront également nécessaires pour rentrer au Canada).

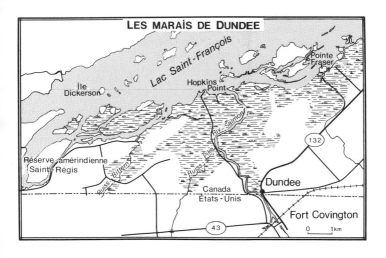

LES MARAIS DE DUNDEE

— Après avoir contourné le village de Cazaville, la route 132 s'étend vers l'ouest. De là jusqu'à Dundee, de nombreux arbres morts s'élèvent dans les champs. Les examiner permettra peut-être de découvrir le Pic à tête rouge.

Avant même d'arriver à Dundee, il est possible de découvrir un coin du marais. Environ neuf kilomètres à l'ouest de Cazaville, il faut tourner à droite sur le chemin qui conduit à la pointe Fraser. Après avoir traversé une forêt inondable, on découvre une zone de marais et des champs à gauche. Les râles et le Troglodyte des marais abondent dans le marais et le Troglodyte à bec court est parfois présent à l'extrémité ouest des champs. Ce dernier, contrairement au Troglodyte des marais, ne fréquente pas les quenouilles mais plutôt les autres grandes formations herbacées. En outre, les petites colonies de cette espèce sont plutôt instables, disparaissant d'un endroit pour y revenir quelques années plus tard. Son chant, bien différent de celui du Troglodyte des marais, est facilement reconnaissable: un tip-tip, tiptipti-prrrrrr à note initiale double et séparée.

À l'entrée du village de Dundee, un petit stationnement est aménagé du côté droit de la route, tout près d'un trottoir en bois qui s'avance dans le marais. On y marchera avec prudence car il est détérioré. En plus de canards barboteurs et d'oiseaux de marais, on y verra peut-être le Moucherolle des saules et le Troglodyte à bec court.

Pour avoir accès aux sites les plus intéressants, il faut traverser la frontière américaine, à l'extrémité de la route 132. Après avoir roulé 1,3 kilomètre en direction de Fort Covington, on tourne à droite immédiatement après la voie ferrée. Après avoir franchi la rivière aux Saumons sur un pont de métal, il faut tourner à droite au bout de la rue, retraverser à nouveau la voie ferrée et la rivière et tourner enfin à droite 0,2 kilomètre plus loin sur la route qui conduit à Hopkin's Point.

En suivant cette route on franchit la frontière québécoise (sans formalités) un kilomètre plus loin environ et on traverse ensuite un secteur boisé. Plus loin le côté gauche de la route est dégagé: on s'y arrêtera pour chercher à découvrir le Troglodyte à bec court. Un demi-kilomètre avant le ruisseau Pike, la route passe sur une faible éminence. On s'y arrêtera et on marchera vers l'ouest pour découvrir des étangs et une grande portion du marais. On cherchera à voir la Grande Aigrette, la Guifette noire et le Morillon à tête rouge. Le Râle jaune a déjà été signalé du côté gauche de la route, avant le ruisseau Pike.

Au-delà du ruisseau, le marais s'étend à perte de vue des deux côtés de la route. À tout moment, un oiseau vole au-dessus du marais: un Busard Saint-Martin, un Héron vert, un Butor d'Amérique, une volée de canards. Au bord des étangs proches de la route, on pourra voir divers canards barboteurs, la Poule-d'eau, des râles et plus rarement le Petit Butor. Il arrive également qu'on rencontre la Bernache du Canada car quelques couples nichent dans le marais.

Les derniers sites intéressants se trouvent plus à l'ouest. Après avoir rebroussé chemin, il faut prendre à droite la route 43, rouler 4,3 kilomètres et prendre à droite une route de gravier. On franchira à nouveau la frontière québécoise 1,5 kilomètre plus loin (toujours sans formalités). À l'intersection, on prendra à gauche puis on s'arrêtera à environ un kilomètre, près du petit pont qui enjambe le ruisseau Bittern. La Grande Aigrette s'alimente régulièrement sur les bords de ce ruisseau. En continuant plus loin, d'abord vers le nord puis vers l'est, on découvrira une autre section du ruisseau. Le Morillon à tête rouge, le Moucherolle des saules et le Troglodyte à bec court peuvent être observés dans ce secteur.

2. La réserve écologique du Pin rigide

Montréal

Cette réserve écologique, gérée par le ministère de l'Environnement du Québec, a été créée pour préserver la principale station du Pin rigide au Québec. Cette formation végétale pousse sur un affleurement rocheux qui rend le secteur impropre à la culture. C'est une petite forêt qui possède une structure et une composition végétale uniques; on y retrouve également des espèces d'oiseaux difficiles à voir ailleurs dans le sud du Québec. En particulier, c'est l'endroit au Québec où la densité du Tohi à flancs roux est la plus élevée. Parmi les autres espèces nicheuses rencontrées dans le secteur, on peut mentionner le Troglodyte à bec court, la Paruline à joues grises, le Moucherolle des saules, le Moqueur roux, la Grive solitaire, l'Engoulevent bois-pourri, le Coulicou à bec noir, le Bruant des champs et le Bruant de Lincoln.

Meilleure période — Le mois de juin constitue la période la plus favorable.

Accès — Il est interdit à quiconque de pénétrer dans la réserve sans la permission expresse du ministère de l'Environnement. Malgré tout, il est possible d'observer tous les oiseaux mentionnés plus haut depuis les routes proches et dans les terrains avoisinants.

Pour se rendre à la réserve, il faut emprunter la route 138 en direction ouest depuis Châteauguay (via le pont Mercier si on vient de Montréal). Peu après les indications pour le village de Howick, la route 138 croise deux voies ferrées, distantes de près de six kilomètres; immédiatement après la seconde, il faut prendre à gauche la montée Cairns et rouler vers le sud. La réserve se trouve à 6,5 kilomètres de la route 138.

Au site — Avant même d'arriver à la réserve, on remarquera que le paysage change brusquement: on quitte la plaine agricole pour se retrouver dans une zone inculte où des bois en regain voisinent

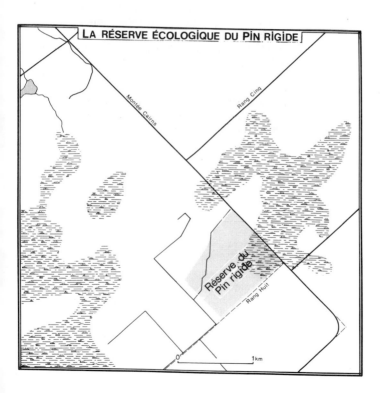

LA RÉSERVE ÉCOLOGIQUE DU PIN RIGIDE

des espaces marécageux formés dans les dépressions des affleurements. Un peu avant le panneau qui annonce la réserve, on verra de part et d'autre du chemin des espaces où poussent des pins épars. Le Tohi à flancs roux et le Bruant des champs s'y rencontrent. Immédiatement après le panneau se trouve la portion la plus dense de la forêt de la réserve (du côté droit de la route). Passé la forêt on verra une vaste étendue herbeuse. Le Moucherolle des saules et le Bruant de Lincoln s'observent à la limite de ces deux milieux et le Troglodyte à bec court est parfois présent dans la formation herbeuse. Un peu plus loin on verra à droite un chemin de gravier (rang Huit) qui marque la limite sud de la réserve (qui s'étend sur un kilomètre vers l'ouest). Il faut marcher dans ce chemin pour chercher à observer le Tohi à flancs roux, le Moqueur roux, le Coulicou à bec noir et le Bruant des champs. Tous ces oiseaux habitent les terrains qui s'étendent du côté sud du chemin (ils ne font pas partie de la réserve). Au crépuscule, c'est un bon endroit pour chercher à entendre ou voir l'Engoulevent bois-pourri.

Normand David

3. Le barrage de Beauharnois

En période de migration, le barrage de Beauharnois constitue le site de rassemblement le plus important du sud-ouest de la province pour les goélands, les mouettes et les sternes. Il s'agit donc d'un endroit idéal pour maîtriser l'identification de ces espèces. Chaque année, quelques oiseaux égarés se joignent aux milliers d'oiseaux appartenant aux espèces les plus nombreuses, de sorte que presque toutes les espèces de ce groupe rencontrées dans l'est de l'Amérique du Nord ont déjà été observées à cet endroit. À la période favorable, on y verra à coup sûr le Goéland bourgmestre, le Goéland arctique et la Mouette de Bonaparte.

Vers le début de novembre, plusieurs milliers de Grands Morillons s'assemblent parfois vers le large; avec eux on verra le Morillon à dos blanc, le Morillon à tête rouge et le Canard kakawi.

Meilleures périodes — On peut faire des observations intéressantes à tout moment de l'année, et notamment aux périodes indiquées ci-dessous pour chaque espèce.

Accès — Depuis le pont Mercier à Montréal, on prend la route 132 vers l'ouest jusqu'à Beauharnois. À l'ouest du village, la route 132 passe au pied du barrage.

Au site — Mouettes, goélands et sternes qui se rassemblent au site se nourrissent dans les canaux d'évacuation (jusque loin au large dans le lac

Saint-Louis) et viennent se poser sur les parterres pour se reposer. On peut donc les observer de plusieurs endroits: depuis le trottoir aménagé sur le pont, depuis la pointe des parterres qui séparent les canaux et depuis le grand parterre situé du côté ouest. À ce dernier endroit, il est souvent possible d'approcher d'assez près les oiseaux posés au sol si on demeure dans sa voiture.

À compter de la fin d'avril et surtout en mai, on pourra observer la Mouette de Bonaparte et la Sterne pierregarin (jusqu'à 200 individus de chaque espèce). Elles seront à nouveau pré-

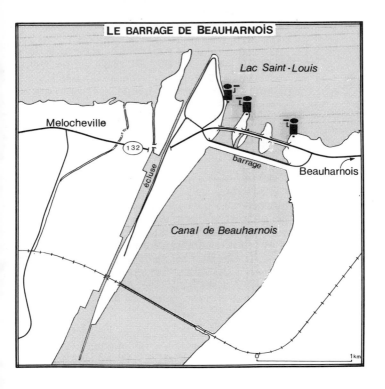

LE BARRAGE DE BEAUHARNOIS

Lac Saint-Louis

Melocheville

132

écluse

barrage

Beauharnois

Canal de Beauharnois

0   1 km

sentes en août et en septembre, cette fois avec des jeunes qui demandent encore de la nourriture. À cette époque, on découvre souvent avec ces oiseaux une Mouette pygmée, une Mouette de Franklin, une Mouette rieuse ou une Mouette à tête noire.

Le Goéland à bec cerclé et le Goéland argenté sont les deux espèces les plus abondantes. Le premier niche d'ailleurs sur les parterres situés entre la route et le barrage. Il est donc présent au site depuis la fin d'avril. Même augmentés par l'apport d'oiseaux venant des autres colonies de la région de Montréal, les nombres sont plutôt faibles après la saison de reproduction car ces goélands vont se nourrir dans l'intérieur des terres. Mais avec les premiers froids et les premières neiges, les oiseaux retournent au barrage à compter de la mi-octobre environ. En novembre, on pourra en voir jusqu'à 10 000 à la fois, mêlés à ce moment à autant de Goélands argentés. Ces derniers ne sont jamais nombreux à Beauharnois sauf à la migration d'automne. La population commence à augmenter en octobre et culmine au début de décembre. Les deux espèces auront quitté le site avant la fin de l'année.

C'est à cette période, en novembre et en décembre, que le Goéland arctique et le Goéland bourgmestre sont présents (plusieurs dizaines). On peut les voir côte à côte et donc mieux discerner leurs différences: taille plus imposante, blancheur plus éclatante et bec nettement plus fort chez le Goéland bourgmestre. On verra également le Goéland à manteau noir à cette période (quelques centaines); il est également présent le reste de l'année (sauf en hiver), mais en petit nombre.

Parmi les espèces rarissimes parfois présentes d'octobre à décembre, il faut signaler le Goéland brun et le Goéland cendré; la Mouette tridactyle

est présente chaque année (deux ou trois individus). Il faut beaucoup de chance ou un oeil exercé
pour repérer l'un ou l'autre de ces oiseaux parmi
les milliers de goélands qui voltigent en tous sens.
Parfois, un labbe (le Labbe parasite habituellement) vient harceler les goélands. On a même
déjà signalé le Fou de Bassan à cette période.

Bien que l'eau ne gèle jamais à proximité du barrage à cause de la force du courant, très peu
d'oiseaux s'y rencontrent en hiver, si ce n'est quelques canards présents depuis l'automne, mais
parmi lesquels on trouvera parfois une espèce in-
attendue (Eider à duvet, Eider à tête grise, Morillon à dos blanc, etc.). Ajoutons enfin que la
Mouette blanche, qui vit dans l'Arctique, a déjà été
signalée en janvier.

Goéland arctique

Paul Perreault

4. La plantation de Saint-Lazare

Cette très vieille plantation où poussent diverses essences conifériennes constitue un habitat unique dans la plaine du haut Saint-Laurent. Cela suffit a expliquer pourquoi elle abrite des espèces nicheuses qu'on ne trouve pas ailleurs dans la région et qu'elle attire en hiver des espèces particulières.

À proximité, on trouvera la seule colonie stable du Bruant sauterelle au Québec et plusieurs nichoirs occupés par le Merle-bleu de l'Est.

Meilleures périodes

— Le mois de juin et les mois d'hiver (décembre à mars) constituent les périodes les plus favorables.

Accès

— La plantation est située à l'ouest du village de Saint-Lazare (une quinzaine de kilomètres au sud-ouest de Rigaud). On s'y rend en empruntant d'abord l'autoroute 40 vers l'ouest (en direction d'Ottawa) et ensuite la route 201 vers le sud (en direction de Valleyfield). À environ six kilomètres de l'autoroute il faut prendre à gauche (vers l'est) le chemin Sainte-Angélique. Environ deux kilomètres plus loin, on prendra à droite (vers le sud) le chemin Poirier. La plantation s'étend de part et d'autre de ce chemin, un peu plus loin vers le sud. On trouvera des deux côtés du chemin quelques pistes pour circuler à pied dans la plantation, et notamment vers l'extrémité sud (juste avant l'endroit où le chemin se met à descendre).

Au site — En juin, la variété des espèces nicheuses est peu élevée, mais on observera entre autres la Paruline obscure et le Roitelet à couronne dorée, deux espèces typiques des forêts boréales. Parmi les autres espèces nicheuses, on rencontre la Grive à dos olive, la Grive solitaire, le Viréo à tête bleue et la Paruline à croupion jaune. L'Engoulevent bois-pourri fréquente les secteurs plantés en pins.

À compter de la fin de l'automne et durant tout l'hiver, une excursion dans cette plantation permettra peut-être de découvrir l'une ou l'autre de certaines espèces boréales lorsque celles-ci envahissent la vallée du Saint-Laurent. Ces incursions tout à fait imprévisibles concernent les espèces suivantes: Durbec des pins, Mésange à tête brune, Geai du Canada, Bec-croisé rouge et Bec-croisé à ailes blanches.

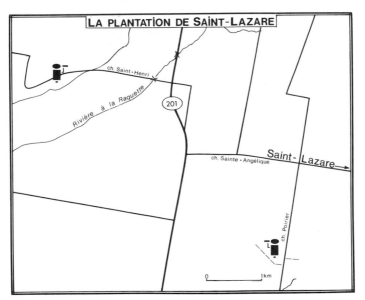

LA PLANTATION DE SAINT-LAZARE

ch. Saint-Henri

Rivière à la Raquette

201

ch. Sainte-Angélique

Saint-Lazare

ch. Poirier

0   1 km

— En juin, on pourra faire d'autres observations intéressantes le long du chemin Saint-Henri, situé à environ un kilomètre au nord du chemin Sainte-Angélique. On remarquera au passage que les pinèdes qui bordent la route 201 sont habitées entre autres par la Paruline des pins et l'Engoulevent bois-pourri. À environ un kilomètre à l'ouest de la route 201, les champs qui s'étendent du côté nord du chemin Saint-Henri constituent les terrains de chasse du Merle-bleu de l'Est; les nichoirs fixés aux piquets de clôture sont facilement visibles de la route. Un peu plus d'un kilomètre vers l'ouest (du côté sud, un peu après la dernière maison) se trouve le champ où une petite colonie du Bruant sauterelle est établie depuis de nombreuses années. On trouvera facilement deux ou trois individus en scrutant le champ depuis la barrière aux planches horizontales. Les mâles chantent habituellement depuis le sommet d'une grande herbe ou perchés sur une grosse pierre. Ils sont faciles à repérer une fois qu'on a appris à distinguer leur chant de celui du Bruant des prés. Le Bruant vespéral fréquente également ce champ. Le merle-bleu occupe quelques-uns des nichoirs fixés aux piquets, tout autour du champ. L'Urubu à tête rouge est également aperçu de temps en temps dans ces parages.

Paul Perreault

5. L'arboretum Morgan

De tous les espaces boisés de l'île de Montréal, l'arboretum Morgan est sans doute celui qui est le plus propice à l'observation des oiseaux.
De nombreux sentiers le parcourent et la variété des habitats — un bon mélange de conifères et de feuillus — permet d'accueillir toutes les espèces d'oiseaux typiques des basses terres de la vallée du Saint-Laurent. Parmi les espèces nicheuses les plus intéressantes, on doit signaler le Grand Pic, la Chouette rayée, le Tangara écarlate, le Colibri à gorge rubis et le Cardinal rouge.

Meilleures périodes

— Il est possible de faire des observations intéressantes à tout moment de l'année.

Accès

— L'arboretum Morgan est situé à l'extrémité ouest de l'île de Montréal, sur les terrains du collège MacDonald de l'université McGill. On s'y rend en empruntant l'autoroute 40 vers l'ouest. Il faut prendre la sortie « Ile Perrot », suivre les indications pour le collège MacDonald (demi-tour vers l'est) et prendre à gauche le chemin qui conduit à l'arboretum.

En plus de bénéficier de multiples autres avantages, les membres de l'Association de l'arboretum Morgan ont libre accès au site. Les visiteurs non membres ont accès au site durant la belle saison moyennant le paiement d'un droit d'entrée. En hiver, le site n'est ouvert qu'aux membres.

Au site — Le chemin d'entrée conduit à un terrain de stationnement d'où part le sentier principal (le seul illustré sur la carte ci-jointe). De nombreux autres qui le rejoignent permettent d'explorer le site en entier.

C'est surtout en mars et en avril qu'il est relativement facile de repérer le Grand Pic car à cette période il tambourine fréquemment et creuse bruyamment la cavité du nid. On le rencontre souvent

L'ARBORETUM MORGAN

ch. Morgan

ch. Maple

℗

Étang Stoneycroft

ch. Pine Tree

40

0   250m

le long du sentier principal, du côté ouest du site. C'est également là que la Chouette rayée se cantonne, en particulier dans les secteurs où la pruche prédomine.

Dans la seconde moitié de mai, au moment où la migration des passereaux bat son plein, on cherchera surtout à visiter les espaces dégagés en bordure de la forêt, notamment du côté nord-est du site. Le Cardinal rouge fréquente habituellement ce secteur. Les abords de l'étang Stoneycroft constituent également un site de choix. À quelques pas du terrain de stationnement, directement vers le nord, se trouve un terrain planté de pommiers, en fleurs à cette période; plusieurs colibris s'y rencontrent, les mâles exécutant leur parade nuptiale.

En juin on parcourra le site pour découvrir les diverses espèces nicheuses. En hiver on cherchera surtout à voir les espèces hivernantes dans les secteurs plantés de conifères; on rencontre souvent des becs-croisés lors des années d'invasion.

Grand Pic

Michel Sokolyk

Michel Sokolyk

Colibri à gorge rubis

Troglodyte familier

Paul Perreault

6. Les plantations de Saint-Colomban

Montréal

*Ces plantations d'âges diffé-
rents réunies côte à côte ont
la particularité d'abriter huit
espèces nicheuses de bruants. Il s'agit donc d'un
site idéal pour s'initier à l'identification de ces espèces, par la comparaison à la fois des chants et
des marques du plumage.*

*À proximité, on trouvera un site fréquenté par la
Paruline des pins.*

Meilleure période

— La période qui va de la fin de mai au début de
juillet est la plus favorable pour visiter ce site.

Accès

— Ces plantations sont situées à l'est de Lachute, à une cinquantaine de kilomètres au nord-
ouest de Montréal. On s'y rend en empruntant
l'autoroute 15 (des Laurentides) vers le nord et
ensuite la route 158 vers l'ouest (sortie 39, à la
hauteur de Saint-Antoine). À environ 14 kilomètres
de l'autoroute il faut prendre à droite la montée
Saint-Rémi et traverser la rivière du Nord (à
gauche cette route conduit à l'aéroport de Mira-
bel). Il faut ensuite prendre à gauche le chemin Rivière-du-Nord et rouler environ 1,5 kilomètre. Les
plantations sont situées du côté nord de la route.
Comme point de repère on utilisera un grand orme
mort s'élevant au fond d'un champ, qu'on aperçoit
après avoir longé un rideau de conifères de grande taille, plantés près de la route.

Au site — En marchant vers l'orme, on se dirige vers deux groupes de grands conifères que traverse la piste dans laquelle on avance, au milieu de conifères de petite taille. Le Bruant des prés est l'espèce la plus répandue, mais on y verra aussi le Bruant vespéral ainsi que le Bruant chanteur; le Bruant des champs est parfois présent. En approchant des deux groupes de grands conifères, il faut s'attendre à voir le Bruant familier et le Bruant à gorge blanche. Pour observer le Bruant des plaines, il faut avancer encore plus vers le nord, passer entre les deux massifs de grands conifères et s'engager à droite (vers l'est) entre les rangées de conifères de taille moyenne. Le Bruant des plaines (deux ou trois couples) se tient habituellement dans cette section assez vaste des plantations. On le reconnaîtra instantanément à son chant, deux ou trois bourdonnements courts et graves qui font penser à une sonnette électrique. Par le plumage toutefois, il ressemble fort au Bruant familier et au Bruant des champs, tous deux présents à cet endroit.

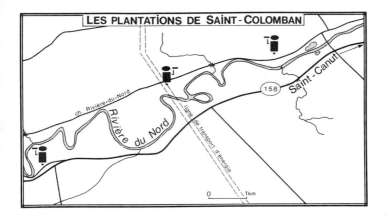

LES PLANTATIONS DE SAINT-COLOMBAN

ch. Rivière-du-Nord

Rivière du Nord

ligne de transport d'énergie

158

Saint-Canut

0   1km

Le Moqueur roux est une espèce typique de ce milieu et le Tohi à flancs roux est signalé de temps à autre. On les rencontrera (ainsi que tous les bruants mentionnés ici) en explorant le site vers l'ouest, jusqu'au ruisseau qui en marque la limite et au bord duquel on verra le Bruant des marais, le Canard branchu, le Héron vert, le Moucherolle phébi et, parfois, le Moucherolle à côtés olive. L'Urubu à tête rouge survole assez souvent le site.

Entre les méandres de la rivière du Nord et les premiers escarpements du bouclier laurentien, le chemin Rivière du Nord est planté dans un décor vraiment pittoresque. En s'arrêtant ici et là on trouvera toutes les espèces typiques de la région.

À proximité — Une neuvième espèce de bruant, le Bruant sauterelle, fréquente parfois un champ situé à trois kilomètres plus à l'ouest, du côté sud de la route. On trouvera facilement le site car il est traversé par une ligne de transport d'énergie électrique.

Pour chercher à observer la Paruline des pins, il faut faire demi-tour, revenir à la route 158 et se diriger vers l'ouest. On s'arrêtera à environ 8,5 kilomètres plus loin, au deuxième chemin qu'on croisera. À cet endroit, plusieurs résidences sont construites dans un massif de Pins blancs de grande taille, le milieu que recherche la Paruline des pins. On la découvre habituellement en marchant dans le chemin Bourbonnière, lequel s'étend parallèle à la route 158, au nord. On notera cependant qu'il faut une oreille exercée pour distinguer son chant de celui du Bruant familier. On la trouvera également au sud de la route 158, dans les pins qui poussent des deux côtés de la route secondaire.

Michel Sokolyk

Bruant familier

Bruant des prés

Normand David

7. *Le parc Summit*

Montréal

À la migration printanière, on ne trouvera nulle part ailleurs au Québec un site aussi petit qui soit aussi riche en passereaux forestiers. En fait, tous les passereaux forestiers (à quelques exceptions près) qui nichent au Québec y sont observés chaque année. Une bonne partie de ces oiseaux sont de passage juste avant que les feuilles ne soient complètement développées, de sorte qu'il est relativement facile de bien les observer. Certains matins, les centaines de parulines qui s'agitent dans les branches forment un spectacle kaléidoscopique inoubliable. Il faut mentionner aussi que le Petit-duc maculé habite le parc en permanence et qu'on peut le découvrir sans trop de difficulté.

Meilleures périodes

— Au parc Summit, la migration printanière s'étend généralement de la mi-avril à la fin de mai. Les meilleurs moments pour l'observation vont du lever du soleil jusqu'à la fin de l'avant-midi. En mai, lorsque la migration bat son plein (généralement du 10 au 25), il sera toujours possible de faire des observations intéressantes en fin de journée, mais le début de la matinée reste indéniablement le moment le plus favorable. Les conditions météorologiques influencent en partie les déplacements migratoires. Il faut se souvenir toutefois que les facteurs qui régissent la migration des oiseaux sont largement imprévisibles. Au parc Summit, on a déjà vu de très fortes migrations au cours des dix premiers jours du mois de mai suivies de quantités bien quelconques. Mais peu importe les conditions, presque tous les passereaux forestiers du Québec y sont observés chaque année. Multiplier les visites du début à la fin de la période favorable est la seule façon d'augmenter la liste de ses observations.

Lors de la migration d'automne, qui s'étend habituellement de la mi-août à la mi-octobre, les conditions d'observation sont plus difficiles: le feuillage est plus épais et les oiseaux moins nombreux; par ailleurs, plusieurs d'entre eux portent alors leur plumage d'hiver terne, ce qui les rend beaucoup moins faciles à identifier.

Quant au Petit-duc maculé, du mois de janvier à la fin de mai, on le verra en train de sommeiller, perché dans l'ouverture d'un trou d'arbre. Dès que les jeunes sont sortis du nid, quelque part entre le début de juin et la mi-juillet, il faut les chercher perchés ensemble avec leurs parents dans les hautes branches d'un arbre.

Accès — Situé à l'intérieur des limites de la ville de Westmount, le parc Summit couronne le sommet sud du mont Royal. C'est une forêt de feuillus intacte dont le Chêne rouge est l'essence dominante. De nombreux sentiers permettent d'y circuler sans difficulté. Sa situation élevée au milieu du tissu urbain explique probablement pourquoi tant d'oiseaux s'y arrêtent au printemps: cette oasis de verdure est la première qu'ils rencontrent après avoir survolé la plaine agricole et le fleuve Saint-Laurent.

On a accès au parc par deux chemins différents. Si on vient par l'autoroute 15 (boulevard Décarie), il faut prendre successivement les rues Queen-Mary vers l'est, Roslyn vers le sud, puis Sunnyside et Upper Bellevue vers l'est; cette dernière débouche sur la rue Summit Circle, laquelle encercle le parc. Si on vient par le chemin Côte-des-Neiges (voiture personnelle ou transport en commun), il faut prendre vers le nord la petite rue

Belvedere, du côté opposé au chemin Remembrance (qui conduit au parc Mont-Royal); à mi-pente, la rue Belvedere présente un virage en épingle et il faut en faire un deuxième encore plus serré pour gravir la rue Summit et déboucher sur Summit Circle; on gare la voiture au petit stationnement devant soi.

Prendre note que le parc est fréquenté à longueur d'année par tous les propriétaires de chien du quartier. À la fonte des neiges, les sentiers se remplissent de vous devinez quoi, en plus d'être souvent boueux. Il est donc préférable de porter des chaussures appropriées. De toute façon, très rares seront ceux qui quitteront le parc sans le souvenir d'un faux pas... C'est le seul inconvénient d'une visite au parc Summit!

Au site — Avant même d'entrer dans le parc, il faut chercher à voir le Cardinal rouge. Au printemps, l'oiseau chante souvent depuis les jardins des

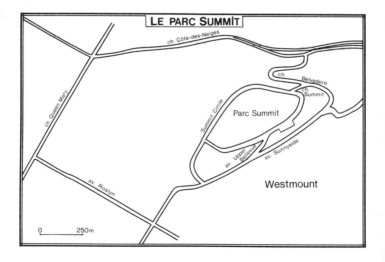

LE PARC SUMMIT

ch. Côte-des-Neiges

ch. Queen Mary

ch. Belvedere

ch. Summit

Summit Circle

Parc Summit

av. Upper Belvedere

av. Sunnyside

av. Roslyn

Westmount

0   250 m

résidences construites autour du parc. Il se rencontre également dans le parc à l'occasion.

De façon générale, c'est dans le secteur sud du parc que les oiseaux sont plus nombreux, et notamment autour du petit parterre gazonné face au grand belvédère et le long du sentier large qui conduit vers l'ouest. Plus nombreux dans ce secteur que dans le reste du parc, les buissons avantagent l'observateur car il n'a pas à chercher à voir les oiseaux dans le faîte des arbres. De toute façon le site est si peu étendu qu'on a le temps de parcourir tous les sentiers en deux heures de marche lente.

À la fin d'avril, on rencontre entre autres les espèces suivantes: Pic maculé, Pic chevelu, Pic mineur, Moucherolle phébi, Sittelle à poitrine rousse, Roitelet à couronne dorée, Roitelet à couronne rubis, Grive solitaire et Paruline à croupion jaune. Au sol, le Bruant à gorge blanche et le Junco ardoisé sont très nombreux à remuer les feuilles mortes (d'un mouvement brusque des deux pattes ramenées ensemble vers l'arrière). Deux autres espèces agissent également de la sorte mais remuent les feuilles très bruyamment: ce sont le Bruant fauve et le Tohi à flancs roux (ce dernier baucoup plus rare). Quatre ou cinq conifères croissent dans le parc; on devrait les examiner car un Hibou moyen-duc s'y cache parfois (de même que dans les buissons les plus épais). Un certain nombre des espèces présentes en avril (le Bruant fauve par exemple) auront quitté le site en mai.

Avec la venue de mai, de nouvelles espèces s'ajoutent jour après jour. Toutes les grives seront présentes, y compris la Grive à joues grises (deux ou trois individus signalés chaque année). La Paruline à croupion jaune forme maintenant des troupes nombreuses où se mêlent entre autres la Paruline à joues grises, la Paruline bleue à gorge noire, la Paruline verte à gorge noire, la Paruline à gorge orangée et la Paruline noir et blanc. Chez les viréos, le Viréo à tête bleue est le plus hâtif. Très nombreux, l'Étourneau sansonnet et le Merle d'Amérique sont les premiers à donner l'alarme par leurs cris aigus lorsqu'un Épervier brun se faufile entre les branches. Avec un peu de chance, vous surprendrez peut-être un engoulevent (Engoulevent d'Amérique ou Engoulevent bois-pourri) assoupi, écrasé au sol ou posé longitudinalement sur une branche au milieu d'un buisson épais.

Pour découvrir le Petit-duc maculé, il faut examiner l'entrée des trous d'arbre. Parfois, seul le sommet de la tête dépasse. Plus simple encore, demandez aux observateurs que vous croisez s'ils l'ont vu ce matin-là.

De façon générale, la migration printanière bat son plein vers le milieu de mai. Moucherolles, viréos et parulines de toutes les espèces sont alors présents. Certains matins, à la faveur de conditions très favorables, ils sont si nombreux qu'on n'a qu'à demeurer immobile pour les voir défiler autour de soi. Sur un fond de feuilles naissantes vert tendre, l'Oriole du Nord, le Cardinal à poitrine rose et le Tangara écarlate se découpent admirablement.

Au fil des années, les observations du grand nombre d'ornithologues qui fréquentent le parc Summit ont permis de découvrir que les passereaux forestiers les plus rares du Québec s'y rencontrent à chaque année; mentionnons entre autres le Gobe-moucherons gris-bleu, le Viréo à gorge jaune, la Paruline à ailes dorées, la Paruline verdâtre, la Paruline des pins et la Paruline à couronne rousse (ces deux dernières souvent dès la fin d'avril). Chaque année également, on découvre l'une ou l'autre de diverses espèces dont l'aire de répartition couvre l'est des États-Unis et qui s'égarent vers le nord à l'occasion de la migration printanière. La liste de ces trouvailles exceptionnelles est passablement longue et d'autres espèces attendent encore leur découvreur.

Après le 20 mai environ, les bandes se font moins nombreuses mais les espèces les plus tardives se voient encore jusque vers la fin du mois, y compris par exemple le Coulicou à bec noir, le Moucherolle à côtés olive, la Paruline rayée, la Paruline du Canada et le Passerin indigo. Ce dernier d'ailleurs niche à l'intérieur du parc et tout près. On est assuré de le voir à l'extrémité est du bois qui se trouve de l'autre côté de la rue Summit Circle, du côté nord du parc.

À proximité — Aux mêmes périodes qu'au parc Summit, les autres secteurs boisés du mont Royal sont aussi propices à l'observation des passereaux forestiers en migration. Ils couvrent cependant une superficie beaucoup plus vaste et demandent donc beaucoup plus de temps à explorer. La région située au sud et à l'ouest du Chalet de la montagne est particulièrement recommandée. Pour y avoir accès, il faut emprunter, à partir du chemin Côte-des-Neiges, la voie Remembrance et garer la voiture au grand parc de stationnement situé près du Musée de la Chasse. De là il faut prendre le sentier pédestre en direction du Chalet de la montagne. Ce sont les secteurs boisés qu'on trouve à sa droite (avant même d'arriver au Chalet) qu'il faut explorer. De nombreux sentiers les parcourent.

8. Le cimetière Mount Royal

Montréal

Il s'agit ici du cimetière protestant (et non du cimetière catholique, qui lui est adjacent). En raison de son aménagement paysager poussé, ce site au coeur de la ville attire de nombreuses espèces qu'il est plus difficile de voir ailleurs dans la région. À l'époque des migrations, il est peuplé de migrateurs (y compris des rapaces), rendus faciles à observer grâce à l'aspect dégagé de la végétation. En période de nidification, c'est l'endroit de la région où l'on trouve le Moqueur polyglotte avec le plus de régularité. Le Petit-duc maculé y est aussi observé régulièrement, surtout près de l'entrée nord. En hiver, les nombreux massifs d'arbustes fruitiers attirent des espèces frugivores comme le Durbec des pins et le Jaseur boréal.

Meilleures périodes — On fera des observations intéressantes à tout moment de l'année, mais particulièrement au printemps et en hiver.

Accès — Deux entrées donnent accès au site; l'entrée sud est située à la réunion de la voie Camilien-Houde et du chemin Remembrance; l'entrée nord est située au bout du chemin Forest, prolongement du chemin Mont-Royal. On peut franchir les grilles à toute heure du jour. Bien qu'on puisse circuler en automobile de 9 à 17 heures (sauf le dimanche), il est évidemment préférable de parcourir les allées pavées à pied.

Au site — Le Petit-duc maculé, nicheur sédentaire, fréquente généralement les abords de l'entrée nord du site. On le découvre plus facilement de mars à juin que durant le reste de l'année, particulièrement à la brunante, c'est-à-dire au moment où il commence ses chasses nocturnes.

Quelques visites réparties judicieusement en avril et en mai permettront d'observer le passage des migrateurs. À cette époque, la visite de ce site complète avantageusement celle du parc Summit. On cherchera entre autres à découvrir le Hibou moyen-duc et la Petite Nyctale, qu'on trouve habituellement cachés dans un conifère, tapis contre le tronc. Les volées de passereaux se tiennent généralement dans les haies fortes, dans le bosquet

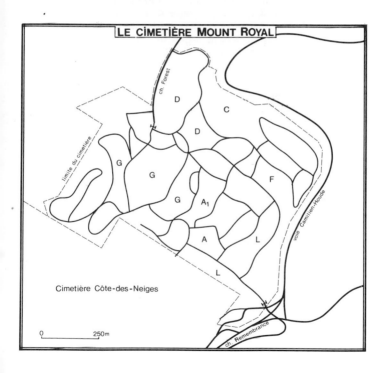

arrosé par un ruisseau situé près de l'entrée nord ou encore dans les arbustes en fleurs (vers la mi-mai); la Grive solitaire, le Bruant fauve et la Paruline à couronne rousse y font souvent leur première apparition saisonnière pour la région. Le Cardinal rouge et le Roselin familier sont souvent observés près de l'entrée nord et dans les grands arbres qui ornent les résidences du chemin Forest.

Avec l'approche de la saison de nidification, on trouvera ordinairement le Moqueur polyglotte du côté sud du site (dans les sections F ou L). Le Moqueur roux et le Moqueur chat sont également observés en été, de même que le Passerin indigo.

De la mi-août à la fin octobre, on aura l'occasion d'assister au passage des passereaux forestiers, souvent plus faciles à observer que n'importe où ailleurs dans la région en raison de la disposition dégagée de la végétation. Divers rapaces patrouillent alors le site: la Petite Buse, la Buse à queue rousse, l'Épervier brun et même parfois l'Autour des palombes. À cette saison également, les conifères servent de refuge à la Petite Nyctale, au Hibou moyen-duc. Le Grand-duc d'Amérique est souvent découvert dans les grands conifères qui s'élèvent vers le centre du site.

En hiver, les arbustes porteurs de petits fruits sont le point d'attraction. Bien que la production de ces fruits varie d'une année à l'autre, plusieurs espèces en dépendent pour assurer leur survie lorsqu'elles hivernent au site, notamment le Merle d'Amérique, l'Étourneau sansonnet, le Roselin pourpré, le Jaseur des cèdres et le Gros-bec errant. Certaines années, le Durbec des pins et le Jaseur boréal sont observés en nombre spectaculaire.

Normand David

Petit-duc maculé

Moqueur polyglotte

Michel Sokolyk

9. L'île des Soeurs

Malgré les assauts répétés de l'urbanisation (constructions domiciliaires et remblayages avant tout), l'île des Soeurs demeure encore un site valable pour l'observation des oiseaux, ne serait-ce que parce qu'elle est à deux pas du centre-ville. Sur les eaux qui l'entourent, on verra la plupart des espèces de canards qui fréquentent la région de Montréal; sur l'île même, un petit lac, un petit bois et des terrains remblayés accueillent au fil des saisons une variété impressionnante d'espèces terrestres. Parmi les espèces nicheuses, on aura l'occasion de découvrir, entre autres, le Petit Butor, le Grèbe à bec bigarré, la Perdrix grise, l'Hirondelle noire, le Viréo mélodieux et le Cardinal rouge. À l'époque des migrations, le site est réputé pour la facilité avec laquelle on y trouve des hiboux ou des chouettes. En hiver, c'est l'endroit de la région où il est le plus facile de découvrir le Pic à dos noir et le Pic tridactyle (lors des années d'invasion).

Meilleures périodes

— On fera des observations intéressantes à tout moment de l'année.

Accès

— On peut se rendre à l'île des Soeurs par transport en commun; s'informer du numéro de l'autobus et de la station de métro d'où il part auprès de la Société de transport de la Communauté urbaine de Montréal.

Pour s'y rendre en automobile il faut prendre l'autoroute 15 ou l'autoroute Bonaventure en direction sud et s'engager sur les voies qui conduisent à l'île. Si on vient par le pont Champlain, on trouvera la route d'accès juste au nord du poste de péage.

Au site — En hiver, c'est surtout dans le bois de l'île que l'on fera les observations les plus intéressantes. On y accède à l'extrémité du boulevard Ile-des-Soeurs ou de la rue de Gaspé. Dès la chute des feuilles, vers la mi-octobre, on circulera sans difficulté dans les sentiers balisés pour le ski de fond. Aussitôt qu'un promeneur s'engage dans cette fo-

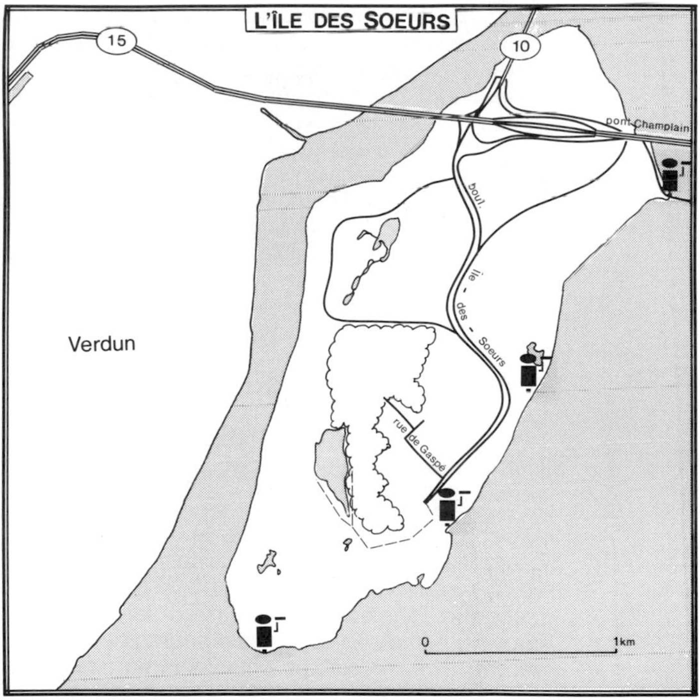

L'ÎLE DES SOEURS

Verdun

rêt, une bande de Mésanges à tête noire s'agglutine autour de lui, réflexe conditionné par l'habitude prise par les gens depuis de nombreuses années de leur offrir des graines de tournesol. Il arrive également à la Sittelle à poitrine blanche de se laisser tenter par l'offrande tendue dans la main. Dès cette époque on cherchera à découvrir un hibou ou une chouette. Le Grand-duc d'Amérique ou la Chouette rayée, dont on rencontre souvent un individu jusqu'à la fin de l'hiver, se tiennent haut perchés dans un arbre. La Petite Nyctale et le Hibou moyen-duc, présents surtout en octobre, en novembre et en avril, se cachent dans les enchevêtrements touffus formés par l'entrelacement de certaines plantes grimpantes. On trouve de ces abris naturels aux abords mêmes du sentier qui prolonge la rue de Gaspé, du côté nord de ce sentier et à l'extrémité sud du bois. À compter de novembre (jusqu'en décembre) on peut également espérer découvrir la Nyctale boréale car un individu s'y montre presqu'à chaque année. Durant tout l'hiver, on observera le Grimpereau brun sans difficulté, mais le Cardinal rouge, qui se tient habituellement vers l'extrémité sud du bois, ne se laisse pas découvrir aussi facilement. Les hivers où le Pic à dos noir et le Pic tridactyle envahissent la vallée du Saint-Laurent, on en trouvera deux ou trois individus. À cette saison, la pointe sud de l'île mérite également d'être visitée. Une ou deux petites compagnies de Perdrix grises s'y établissent, le Harfang des neiges et la Pie-grièche grise s'y rencontrent parfois et le Hibou des marais y séjourne quelque temps (au début et à la fin de l'hiver surtout).

Avec la venue du printemps, les eaux du Saint-Laurent en amont du pont Champlain (du côté est de l'île seulement) se peuplent de canards, tant plongeurs que barboteurs. On en verra jusqu'en décembre, mais ils sont plus nombreux et plus variés en avril, en mai, en octobre et en novembre.

Le Cormoran à aigrettes fréquente également ces eaux, de même que le Grèbe jougris (surtout en mai), le Huart à gorge rousse (en automne) et le Canard siffleur d'Europe (signalé presque chaque année en mai). Pour observer ces oiseaux, il faudra se rendre au fond du terrain du concessionnaire d'automobiles établi juste en amont du pont Champlain, à l'arrière des grandes tours d'habitation érigées en bordure du fleuve, de même que sur le rivage est de la pointe sud de l'île. À ce dernier endroit, au crépuscule, on aura l'occasion d'observer les déplacements des Bihoreaux à couronne noire qui nichent à l'île aux Hérons (au milieu des rapides de Lachine). Les ornithologues cyclistes pourront se rendre en outre sur la jetée brise-glace en amont du pont Champlain ainsi que sur la digue de la voie maritime.

Le petit lac situé à l'est du bois accueille divers canards au printemps ainsi que le Grèbe à bec bigarré durant toute la belle saison. Le Petit Butor demeure habituellement caché dans les quenouilles qui bordent la partie sud, mais en demeurant aux aguets on finira parfois par le voir voler brièvement ou marcher à découvert.

En été, à cause de la luxuriance du feuillage, le bois se transforme pratiquement en jungle impénétrable. Le Viréo mélodieux est l'une des espèces typiques de cette forêt; chantant inlassablement sa ritournelle du haut de la voûte feuillée, il se laisse rarement observer de près. En revanche, la Paruline jaune et l'Oriole du Nord sont faciles à observer. Le long du boulevard Ile-des-Soeurs, l'Hirondelle noire niche dans les maisonnettes installées dans les parterres des tours d'habitation.

10. L'île aux Fermiers

De toutes les îles du Saint-Laurent à proximité de Mont-réal, l'île aux Fermiers est la plus riche en oiseaux, sur-tout en raison de ses baies marécageuses et de l'étang qui en occupe le centre. Les espèces nicheuses incluent le Morillon à tête rouge, la Guifette noire, le Petit Butor, le Phalarope de Wilson, le Hibou des marais et même le Bruant à queue aiguë. À l'époque des migrations, ses rives accueillent nombre d'oiseaux de rivage et ses baies sont le site de grands ras-semblements de canards. Le nombre élevé d'es-pèces inusitées (Aigrette neigeuse, Héron garde-boeufs, Barge marbrée, Chevalier semipal-mé, etc.) rencontrées sur cette île témoigne de sa valeur.

Meilleure période — La période qui va de la mi-mai à la fin de sep-tembre est la plus propice.

Accès — L'île est située du côté sud du Saint-Laurent, entre Boucherville et Varennes. Il faut évidemment disposer d'une embarcation, de préférence munie d'un moteur hors-bord car la traversée en canot n'est vraiment agréable que par temps très calme. Si on est propriétaire, on mettra l'embarcation à l'eau à Varennes ou à Boucherville. Dans le cas contraire, on pourra en louer une au parc des îles de Boucherville (accès par l'île Charron, au sud du tunnel Hippolyte-Lafontaine).

Au site — Au plus fort de la crue printanière, l'île est par-tiellement submergée, justifiant ainsi les noms donnés à cinq entités insulaires sur les cartes. En temps normal cependant, le retrait des eaux ne laisse voir qu'une seule île, recouverte presqu'entièrement par une prairie. Le Hibou des marais est habituellement l'une des premières espèces qu'on

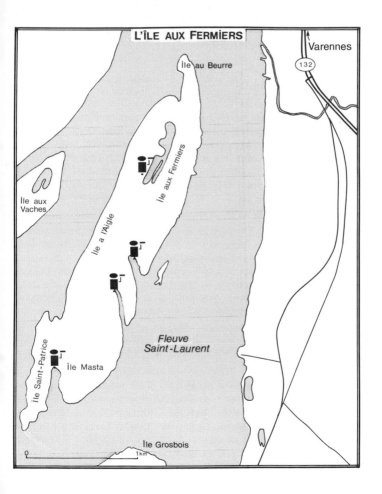

L'ÎLE AUX FERMIERS

Varennes

(132)

Île au Beurre

Île aux Vaches

Île aux Fermiers

Île a l'Aigle

Fleuve Saint-Laurent

Île Saint-Patrice

Île Masta

Île Grosbois

0   1 km

découvre: il survole paresseusement les herbes ou lève devant l'excursionniste.

Les baies marécageuses de l'est et du sud de l'île sont autant de sites de rassemblement pour les canards barboteurs (toutes les espèces sont représentées), auxquels se mêle le Morillon à tête rouge. Les nombres les plus impressionnants sont atteints à la fin de l'été, juste avant l'ouverture de la chasse. Le Phalarope de Wilson se rencontre régulièrement sur les rives de ces baies, de même que sur la rive est de l'île (vis à vis de l'étang central); il niche dans les parties humides de la prairie, du côté est de l'île avant tout.

Vers la fin de mai et à compter du mois d'août ensuite, des oiseaux de rivage séjournent quelque temps sur l'île, mais jamais en grand nombre. En revanche, toutes les espèces qui passent régulièrement dans la région sont susceptibles d'être observées. Ces oiseaux se tiennent surtout à la pointe nord de l'île et en divers endroits du rivage ouest.

L'attrait principal de l'île est sans contredit l'étang qui en occupe le centre. Son étendue est modeste, mais aucune autre île de la région n'offre rien de comparable. En plus de divers canards, la Guifette noire, la Poule-d'eau et le Morillon à tête rouge nichent dans cet étang; la Foulque d'Amérique est aperçue irrégulièrement. Dans le rideau de quenouilles qui ceinture l'étang, on verra facilement le Troglodyte des marais; le Petit Butor y niche également mais demeure toujours difficile à voir.

La présence du Bruant à queue aiguë, un oiseau typique des marais de l'estuaire, est pour le moins surprenante, bien que l'espèce occupe également l'île du Moine (à la tête du lac Saint-Pierre) depuis quelques années. On trouvera quelques individus dans les hautes herbes au sud de l'étang.

11. Le Jardin botanique

Montréal

Situé à deux pas du réseau de transport en commun, le Jardin botanique représente le site idéal pour l'ornithologue débutant qui désire s'initier à l'identification des oiseaux. Il pourra aller de découverte en découverte au fil des saisons, ne sera pas pris au dépourvu par une surabondance simultanée d'espèces différentes et jouira de bonnes conditions d'observation en raison de l'aspect dégagé de la végétation. En fait, le site ressemble fortement au cimetière Mount Royal: petits bouquets d'arbres et massifs d'arbustes croissent çà et là sur un terrain gazonné. En outre, trois petits étangs permettent à divers oiseaux aquatiques d'y faire une halte lors des périodes de migration.

Meilleures périodes

— À un site comme celui-ci, faire une visite hebdomadaire est la meilleure façon d'en découvrir toutes les ressources. En avril et en mai, puis d'août à octobre, on observera les oiseaux migrateurs de passage. En juin et en juillet, on se consacrera à l'inventaire des espèces nicheuses, parmi lesquelles figurent le Moqueur roux, le Roselin familier et l'Oriole du Nord. De décembre à mars, on aura l'occasion de bien observer la plupart des passereaux présents en hiver dans la région; en effet, les autorités du Jardin ont eu l'idée heureuse d'installer une quinzaine de postes d'alimentation qui attirent un nombre considérable d'oiseaux d'espèces diverses.

Accès — Les terrains du Jardin botanique s'étendent au nord de la rue Sherbrooke, à l'est du boulevard Pie-IX. La station de métro Pie-IX est située à deux pas.

Au site — Il sera toujours bon de se rendre au bureau d'accueil situé dans la serre centrale, à l'arrière de l'édifice principal, afin d'obtenir l'information la plus récente sur les oiseaux présents sur le site. La démarche sera particulièrement utile en hiver puisqu'on sera en mesure d'apprendre à quels postes d'alimentation se tiennent certains oiseaux.

En hiver, on fera évidemment la tournée des postes d'alimentation pour observer sizerins, char-donnerets, gros-becs, roselins et mésanges. Le Cardinal rouge est parfois présent, de même que la Perdrix grise. Dans les massifs de conifères, il arrive même qu'on découvre le Bec-croisé rouge

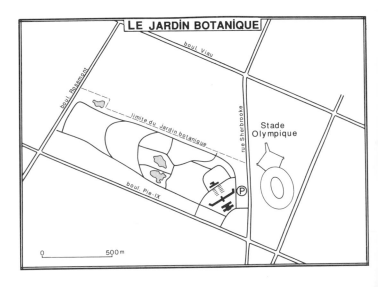

ou le Bec-croisé à ailes blanches. Dans les arbustes qui portent des fruits, on cherchera à voir le Jaseur boréal et le Durbec des pins.

À l'époque des migrations, on découvrira de nombreuses espèces, plus d'une centaine au total. Surtout des passereaux évidemment (grives, viréos, parulines, bruants, etc.), mais peut-être un hibou blotti contre le tronc d'un conifère. À ces périodes, on ne manquera pas de jeter un coup d'oeil aux trois petits étangs qui ornent le site; à chaque année on y découvre des oiseaux comme le Grèbe à bec bigarré, le Butor d'Amérique ou le Chevalier solitaire qui y séjournent durant quelques jours.

La variété des espèces nicheuses du site n'est pas vraiment élevée mais comprend tout de même la Tourterelle triste, le Tyran huppé et le Roselin familier. Ce dernier est présent en grand nombre en hiver.

12. Le mont Saint-Hilaire

Dans la grande région mont-réalaise, où l'urbanisation et l'agriculture ont monopolisé l'occupation des terres, rares sont les forêts dont l'aspect n'a pas été modifié par l'activité humaine. Le mont Saint-Hilaire constitue toutefois une exception de taille. En effet, la majeure partie de la montagne est couverte d'une forêt de feuillus pratiquement intacte de près de 11 kilomètres carrés. Il s'agit d'un domaine géré par le Centre de conservation de la nature du mont Saint-Hilaire, organisme à but non lucratif affilié à l'université McGill. Outre les passereaux typiques des forêts du sud du Québec, ce massif forestier accueille entre autres le Grand Pic et le Viréo à gorge jaune; il constitue en outre l'un des très rares endroits de la région où la Paruline azurée se rencontre en période de nidification (mais en nombre très faible). Les sommets de la montagne, que survolent souvent l'Urubu à tête rouge et le Faucon pèlerin, sont couverts d'une végétation arbustive où le Tohi à flancs roux choisit de nicher.

Meilleure période — La période qui va de la fin de mai au début de juillet est la plus favorable.

Accès — Le mont Saint-Hilaire est situé à une quarantaine de kilomètres à l'est de Montréal. On s'y rend en empruntant successivement l'autoroute 20, la route 133 vers le sud et ensuite la montée des Trente jusqu'à la rue Ozias-Leduc. Si on vient par la route 116, on prend la rue Fortier à droite (après le pont qui franchit la rivière Richelieu).

Après avoir suivi la rue Ozias-Leduc vers le sud, il faut prendre ensuite le chemin de la Montagne vers l'est sur une distance de 2,5 kilomètres jusqu'au chemin des Moulins, où donne l'entrée du centre.

Les grilles du centre sont ouvertes de 8 à 20 heures et un vaste stationnement est à la disposition des visiteurs. Des frais d'entrée minimes sont exigés.

Au site — Totalisant 24 kilomètres, cinq sentiers conduisent à autant de sommets du côté ouest de la montagne, d'où on a une vue superbe de la campagne environnante. Tous les sentiers traversent une forêt de feuillus dominés par des érables et des hêtres parvenus à grande maturité. Dans cette cathédrale feuillée, les chants de la Grive des bois, du Merle d'Amérique et du Cardinal à poitri-

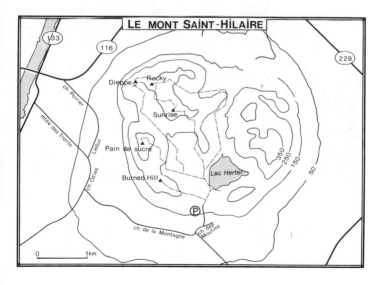

ne rose, omniprésents, prennent une sonorité unique. C'est aux abords mêmes du sentier qui longe le lac Hertel qu'on cherchera à voir le Viréo à gorge jaune et la Paruline azurée; cantonnée dans la voûte supérieure et fort peu nombreuse, cette dernière cependant ne se laisse voir que très rarement. Il y a quelques années, un verglas meurtrier a couché des arbres en plusieurs endroits, créant ainsi des trouées que recherche la Paruline triste et où le Moucherolle à côtés olive s'établit parfois. On ne manquera pas enfin de se rendre sur les sommets qui dominent la partie ouest de la montagne. Ils sont couverts de formations arbustives dominées par le Chêne rouge, où vit le Tohi à flancs roux. On aura peut-être aussi la chance de voir l'Urubu à tête rouge planer ou le Faucon pèlerin chasser.

Pic maculé

Normand David

Normand David

13. La promenade René-Lévesque

Du tunnel Louis-Hippolyte-Lafontaine au pont Jacques-Cartier, la rive sud du Saint-Laurent est maintenant accessible grâce à la construction récente d'une promenade publique. Cet aménagement comble largement les attentes des observateurs d'oiseaux car de nombreuses espèces aquatiques y nichent ou y passent en migration. Canards barboteurs, oiseaux de marais, sternes, cormorans et oiseaux de rivage sont présents en bon nombre, surtout lorsque le niveau du fleuve est bas. Le cortège des espèces inusitées observées depuis quelques années (Chevalier semipalmé, Sterne caspienne, Aigrette neigeuse, etc.) témoigne déjà de la valeur du site. Par ailleurs les conditions d'observation sont très bonnes: en faisant face au fleuve, l'observateur jouira généralement d'un éclairage favorable du soleil. Il s'agit en somme d'un site où l'on ne manquera de revenir, ne serait-ce que pour profiter de l'agrément de la promenade.

Meilleures périodes — On fera des observations intéressantes de la fin d'avril à la fin de septembre, mais les oiseaux sont plus variés et plus nombreux à compter de la mi-juillet.

Accès — Pour les automobilistes, l'accès le plus direct consiste à se rendre au stationnement du parc Marie-Victorin, situé en bordure de la route 132 à la sortie du pont Jacques-Cartier.

Cyclistes et piétons ont accès à la promenade par deux passerelles enjambant la route 132. L'une est située au sud de la route 20; on s'y engage depuis l'intersection du boulevard Marie-Victorin et de la rue Lafrance. L'autre est située au sud du boulevard Roland-Therrien; on y accède depuis le parc Lemoyne, à l'angle des rues Pratt et Bord-de-l'eau.

Au site — De façon générale, plus le niveau de l'eau du fleuve est bas, plus les oiseaux sont nombreux et variés. Entre le parc Marie-Victorin et la pointe Le Marigo, les eaux basses laissent émerger plusieurs rochers et des remblayages anciens où l'on verra régulièrement le Cormoran à aigrettes, des goélands, le Grand Héron, le Bihoreau à couronne noire (sans compter des espèces inusitées comme la Sterne caspienne ou la Mouette de Franklin); à la fin de l'été surtout, des oiseaux de rivage s'assemblent sur les rives exposées et sur les bancs d'algues et de plantes aquatiques. Juste au nord du boulevard Roland-Therrien, une structure de béton constitue un excellent point de vue sur un groupe d'îles herbeuses où niche la Poule-d'eau; on verra les jeunes au plumage noir à compter de la fin de juillet. Divers canards barbo-

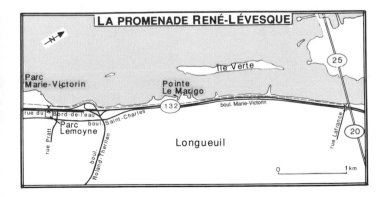

teurs fréquentent ces eaux, ainsi que parfois le Morillon à tête rouge. Vers la droite, une petite colonie de la Sterne pierregarin est établie sur une île relativement proche du rivage.

À la pointe Le Marigo, à demi boisée, on pourrait découvrir des passereaux inattendus à l'époque des migrations. Lorsque les eaux sont basses, on explorera les langues de terre qui s'avancent vers le large. Du côté est de la pointe, au petit phare situé au bout d'une jetée, on aura un bon point de vue sur l'extrémité sud de l'île Verte où de nombreux canards barboteurs s'assemblent.

De la pointe Le Marigo à l'extrémité est de la promenade, on verra surtout des canards barboteurs et des oiseaux de rivage. En fin d'été, les uns comme les autres se tiennent parmi les tapis d'algues flottantes qui s'accumulent à proximité du rivage. Le Petit Chevalier est habituellement le limicole le plus abondant; avec lui on découvrira peut-être le Bécasseau à échasses, qui lui ressemble suffisamment pour passer inaperçu. Le Bécasseau roux et le Bécasseau à poitrine cendrée sont plus distinctifs, mais moins nombreux que le Bécasseau minuscule et le Bécasseau semipalmé. Parmi les autres espèces aquatiques qu'on rencontre également dans ce secteur, il faut mentionner le Grèbe à bec bigarré et la Guifette noire.

Daniel Jauvin

Poule-d'eau

Grèbe à bec bigarré

Paul Perreault

14. *Les rapides de Lachine*

Montréal

L'un des panoramas les plus spectaculaires de la région, les rapides de Lachine sont également un site de rassemblement pour plusieurs oiseaux aquatiques, et ce en toute saison car une bonne partie du cours du fleuve reste libre de glaces à la hauteur des rapides. La saison hivernale est d'ailleurs une excellente période pour y faire de l'observation car, en plus des espèces hivernantes comme le Grand Bec-scie et le Canard noir, on y découvre parfois un oiseau peu fréquent comme le Pygargue à tête blanche, le Faucon gerfaut, le Canard arlequin ou le Harfang des neiges.

Meilleures périodes

— On fera des observations intéressantes en toute saison.

Accès

— Deux points de vue sont décrits ci-dessous, le parc Terrasse Serre à LaSalle sur l'île de Montréal et l'écluse de Côte-Sainte-Catherine sur la rive sud du fleuve.

Le parc Terrasse Serre, aménagé sur le site d'un ancien barrage, est situé en bordure du boulevard LaSalle. Depuis l'autoroute Décarie (15), la façon la plus rapide pour s'y rendre consiste à emprunter la sortie du boulevard La Vérendrye, à rouler 4,5 kilomètres et à prendre à gauche la rue Bishop Power jusqu'au boulevard LaSalle. On trouvera un terrain de stationement à l'est du parc, au pied de la 6ᵉ avenue.

On se rend à l'écluse de Côte-Sainte-Catherine par le pont Champlain ou le pont Mercier. Si on arrive par le pont Champlain, il faut emprunter successivement la route 132 en direction ouest et la sortie 46 pour le boulevard Salaberry, puis prendre à droite le boulevard Marie-Victorin sur une distance de 5,2 kilomètres jusqu'à l'écluse (attention: aux seconds feux de circulation, le boulevard Marie-Victorin fait un virage de 90° à droite). En ve-

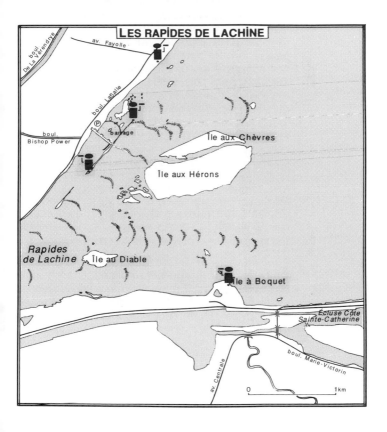

nant par le pont Mercier, il faut prendre la route 132 en direction est et tourner à gauche après 6,5 kilomètres sur la rue Centrale, à l'extrémité de laquelle il faut prendre à droite le boulevard Marie-Victorin; le chemin qui conduit à l'écluse se trouve à environ 0,3 kilomètre de là. Un terrain de camping provincial et une piste cyclable sont aménagés à proximité.

À LaSalle

À partir du terrain de stationnement, on pourra d'abord s'avancer dans le parc riverain qui s'étire vers l'aval. Plusieurs canards barboteurs fréquentent les eaux littorales du début du printemps jusque tard en automne et ils se rassemblent en bon nombre à environ un kilomètre vers l'est, là où les eaux sont plus calmes (au pied de l'avenue Fayolle); le Canard siffleur d'Europe est découvert annuellement, au printemps et en début d'été surtout. Des îlots rocheux émergent à quelques centaines de mètres du rivage: il s'agit du seul site connu au Québec où la Mouette pygmée a niché; la Sterne pierregarin et divers canards nichent également sur ces rochers. En mai et en juin surtout, plusieurs espèces inusitées y ont été signalées au fil des ans, entre autres la Mouette de Franklin, la Mouette à tête noire, la Sterne caspienne, la Sterne de Forster et la Sterne arctique (celle-ci en fin de mai et en début de juin).

Face au terrain de stationnement, au pied du vieux barrage, un bosquet de saules croît dans des eaux calmes. Plusieurs canards féquentent ce secteur en toute saison, sauf en janvier et en février. En se rendant à l'extrémité nord de la jetée parallèle au rivage, il faut bien examiner la bordure des saules car les canards y sont particulièrement nombreux tard à l'automne. De cet endroit, on a également un excellent point de vue sur les rapides. Au centre, se trouve l'île aux Hérons, où Samuel de Champlain avait noté une héronnière en 1611; aujourd'hui on y trouve environ 30 couples du Grand Héron et 300 du Bihoreau à couronne noire. Vers la fin d'avril, le Balbuzard fréquente le secteur durant quelque temps. Sur les rochers qui affleurent dans les rapides, on verra le Cormoran à aigrettes durant toute la belle saison. En hiver, le Grand Bec-scie et le Canard noir sont les seuls canards qu'on voit en bon nombre, mais au printemps et en automne on y trouve une bonne variété de canards plongeurs. De l'extrémité sud de la jetée, on voit une petite île qui, en hiver, tient lieu de dortoir à de nombreux canards plongeurs et barboteurs; plusieurs centaines s'y rendent au coucher du soleil. En hiver, la jetée constitue également un bon endroit pour chercher à voir le Goéland bourgmestre et le Goéland arctique.

À l'écluse de Côte-Sainte-Catherine

Après avoir traversé le canal de la voie maritime à la tête de l'écluse, on pourra s'engager à gauche sur le chemin qui conduit au terrain de camping. Durant la belle saison, la baie en contrebas est fréquentée par des canards barboteurs tandis que le Cormoran à aigrettes se pose en bon nombre sur les rochers qui affleurent dans les rapides. Sur l'île à Boquet, le petit lac (qui sert à la baignade) attire des mouettes, des goélands et des oiseaux de rivage à la fin de l'été. Dès que la glace se forme dans la baie (vers la fin de décembre) les canards barboteurs, auxquels se joignent le Garrot à oeil d'or et le Grand Bec-scie, vont se réfugier en bordure de la couche de glace et dans les rapides. On les observera de plus près en se rendant à la pointe de l'île à Boquet. Le Goéland bourgmestre, le Goéland arctique et le Harfang des neiges fréquentent également le secteur. De la fin de mars au début de mai, plusieurs milliers de canards plongeurs forment de petits groupes sur une grande distance en bas des rapides. Outre le Garrot à oeil d'or, très nombreux, on verra le Petit Garrot, le Grand Morillon et parfois le Garrot de Barrow, le Morillon à dos blanc ou le Morillon à tête rouge.

Du côté droit, le chemin d'entrée se divise en deux. Un embranchement s'étire au pied de la digue au bord du fleuve, où l'on verra quelques oiseaux de rivage en fin d'été. L'autre parcourt la digue sur une distance de 15 kilomètres jusqu'au pont Victoria; parfois praticable pour les voitures en hiver, ce chemin est une piste cyclable durant la belle saison. En mai, les observateurs cyclistes auront l'occasion de se rendre vis-à-vis de l'île de la Couvée (au nord du pont Champlain) où 20 000 couples du Goéland à bec cerclé forment la colonie la plus importante de la région. De la digue, ils auront aussi parfois l'occasion d'observer des macreuses ou la Bernache cravant. En traversant l'estacade au sud du pont Champlain, on a accès à l'île des Soeurs; en période de migration, divers canards, des cormorans, des huarts, des grèbes et, parfois, des phalaropes fréquentent les eaux en amont de l'estacade.

Morillon à tête rouge

Normand David

Centre du Québec

S'étendant du pied des Appalaches aux contre-forts des Laurentides, le Centre du Québec est une région très largement agricole dominée avant tout par le lac Saint-Pierre, le plan d'eau douce le plus riche en oiseaux aquatiques de toute la province. Au printemps, alors que ses eaux gonflées par la crue envahissent les terres riveraines, le spectacle de plusieurs milliers de canards tant barboteurs que plongeurs en costume nuptial vaut à lui seul le déplacement. Mais il y a encore plus: d'immenses troupeaux de la Bernache du Canada (jusqu'à 100 000) et de l'Oie des neiges (jusqu'à 40 000) séjournent durant quelque temps à proximité de nombreux points de vue aménagés pour faciliter leur observation.

1. La tourbière de Lanoraie

Bien qu'une partie de la tourbière soit drainée et qu'on y poursuive encore des travaux, elle demeure un site qui attire des oiseaux particuliers, de même que les terres qui l'entourent. Outre le Bruant vespéral, bien répandu, on aura l'occasion d'observer entre autres le Tohi à flancs roux, l'Engoulevent bois-pourri, le Bruant de Lincoln et, parfois, la Paruline à couronne rousse.

Meilleure période — La période qui va de la fin de mai au milieu de juillet est la plus favorable à l'observation.

Accès — Située à l'ouest de Berthierville, la tourbière offre deux sites d'intérêt différents. Si l'on vient par l'autoroute 31, il faut prendre le chemin Saint-Charles en direction de Saint-Thomas. À 2,2 kilomètres de l'intersection, il faut prendre à droite le chemin Madon puis le chemin Coteau-Jaune à gauche. À 0,8 kilomètre plus loin, on verra à droite le chemin qui conduit au premier site. Pour se rendre au deuxième site, il faudra poursuivre vers l'ouest sur le chemin Coteau-Jaune et prendre à droite le chemin Joliette en direction de Lanoraie.

Au site — Dans les champs qui bordent le chemin Coteau-Jaune, le Bruant vespéral et l'Alouette cornue sont bien répandus. Le chemin qui conduit au premier site traverse une petite forêt où l'on entendra entre autres la Paruline des ruisseaux. Au sud de la voie ferrée, le chemin traverse une zone de champs incultes pourvus de buissons où il vaut la peine de s'attarder. En plus du Bruant vespéral, on pourrait découvrir le Tohi à flancs roux, le Bruant des champs et le Passerin indigo. Plus à l'ouest, le chemin passe sur un talus sableux boisé où l'Engoulevent bois-pourri se fait entendre au crépuscule. Ce talus surplombe la tourbière, dont on aura une vue d'ensemble depuis une avancée garnie de grands Pins rouges.

Le deuxième site est situé du côté ouest du chemin Joliette, à environ deux kilomètres au sud du chemin Coteau-Jaune. Il s'agit d'une tourbière à sphaignes où poussent des mélèzes épars. Le Bruant des marais, le Moucherolle des aulnes et la Paruline masquée y abondent. Le Bruant de Lincoln est l'oiseau typique de ce milieu. La Paruline à couronne rousse s'y rencontre parfois, mais en nombre très faible.

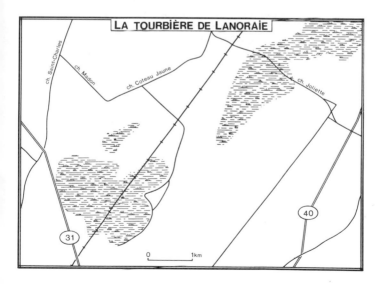

LA TOURBIÈRE DE LANORAIE

2. La commune de Berthierville

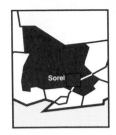

La commune, c'est-à-dire le pâturage communal, est l'une des plus vieilles institutions du Régime français. Ses gestionnaires actuels, avec la collaboration de divers organismes voués à la conservation de l'environnement, ont réalisé des aménagements hautement appréciés par les ornithologues amateurs: trois tours d'observation reliées par un sentier longeant des écrans placés en bordure d'un marais. Il s'agit donc d'un site qui offre des conditions d'observation excellentes. Selon la saison, les Bernaches du Canada, les canards barboteurs, les oiseaux de marais et les oiseaux de rivage y abondent.

À proximité on trouvera en outre deux sites où, de la mi-avril à la mi-mai, se rassemblent de nombreux canards plongeurs, complétant ainsi avantageusement la visite de la commune.

Meilleure période — On fera des observations intéressantes de la fin d'avril à la fin de septembre.

Accès — La commune est située en face de Berthierville. On s'y rend en empruntant la route 158 vers le sud. Le sentier d'accès donne sur la route après le premier pont qu'on traverse en quittant Berthierville. On trouvera à garer sa voiture dans l'entrée élargie.

Au site — La commune est une vaste prairie parsemée de petits étangs et de mares peu profondes, la plupart visibles depuis le sentier et les tours d'observation. De la mi-avril jusqu'en mai, des canards barboteurs et des oiseaux de rivage comme le Grand Chevalier et divers bécasseaux s'y rassemblent en bon nombre. En août et en septembre, les oiseaux de rivage sont plus nombreux et plus

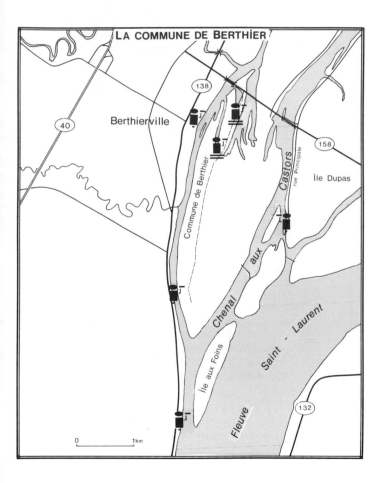

variés sur les bords de ces étangs; parfois, on y voit même le Phalarope hyperboréen.

Le sentier aménagé longe sur près de deux kilomètres une dépression marécageuse où le niveau de l'eau varie considérablement. Élevé lors de la crue printanière, il décroît à mesure que l'été avance. Au plus fort de la crue, vers la fin d'avril généralement, les eaux profondes attirent des plongeurs comme le Morillon à collier et le Becscie couronné. On y verra aussi le Balbuzard pêcher. Lorsque le niveau est plus bas (et la végétation pas trop abondante), on aura l'occasion d'observer les canards barboteurs qui nichent à proximité (y compris le Canard branchu pour lequel des nichoirs sont installés), la Poule-d'eau, le Grèbe à bec bigarré, le Râle de Virginie, le Râle de Caroline, la Guifette noire et le Héron vert. La Foulque d'Amérique est parfois présente également. À la fin de l'été, des Canards branchus s'assemblent parfois en bon nombre près des espaces d'eau libre. Les écrans et les tours disposés le long du sentier constituent autant de postes d'observation sur le marais comme sur les petits étangs de la prairie.

Plusieurs centaines de Bernaches du Canada viennent brouter dans la partie sud de la commune. Il est possible de s'y avancer en traversant la prairie. On note l'abondance la plus forte d'oiseaux de la fin d'avril à la mi-mai, période durant laquelle on a parfois l'occasion de découvrir un échassier inusité comme l'Ibis falcinelle, l'Aigrette neigeuse, la Grande Aigrette ou le Héron gardeboeufs. Le Hibou des marais et le Busard Saint-Martin fréquentent également ces parages.

À proximité — À l'entrée de Berthierville par la route 138, au sud, on trouvera une halte routière en bordure du fleuve, vis-à-vis de la pointe sud de l'île aux Foins. Vers la fin d'avril, des canards plongeurs s'y rassemblent en bon nombre, dont le Morillon à collier, le Petit Garrot, le Bec-scie couronné et parfois le Garrot de Barrow. Un peu plus au nord, en bordure de la route 138 et en face de l'église de Berthierville, on trouvera d'autres points de vue pour observer les canards qui fréquentent le chenal. On en profitera également pour scruter le rivage de l'île aux Foins et celui de la commune: on y découvrira peut-être l'un des échassiers inusités mentionnés ci-dessus.

On pourra enfin se rendre au phare situé à la pointe sud-ouest de l'île Dupas (depuis la commune: route 158 vers l'est et rue Principale vers le sud après le pont enjambant le chenal aux Castors). Plusieurs canards plongeurs ainsi que le Grèbe cornu s'y rassemblent de la mi-avril à la mi-mai.

Bernache du Canada

Normand David

3. Les basses terres de Saint-Barthélemy

Sorel

Lors de la crue printanière, les terres basses situées au sud-est de Saint-Barthélemy sont largement inondées pendant une courte période. Le secteur constitue alors la halte migratoire la plus fréquentée de la région par les canards barboteurs. La Bernache du Canada, l'Oie des neiges et divers canards plongeurs s'y arrêtent également en bon nombre.

Meilleure période — La période favorable s'étend de la mi-avril à la mi-mai.

Accès — Le site est situé en bordure de l'autoroute 40, à l'est de Berthierville.

Au site — Après avoir emprunté la sortie 155 de l'autoroute, il faudra s'engager dans les chemins de gravier qui longent l'autoroute vers l'est, l'un au nord et l'autre au sud. On peut y circuler et s'arrêter en toute sécurité. Dans les champs inondés, toutes les espèces de canards barboteurs sont présentes, mais le Canard pilet est de loin le plus abondant. On verra également plusieurs troupeaux de Bernaches du Canada, avec lesquelles on aura peut-être la chance de découvrir une Oie rieuse ou une Grue du Canada. Divers canards plongeurs sont habituellement présents, y compris parfois le Morillon à tête rouge. Le Faucon pèlerin et le Balbuzard fréquentent le site chaque année.

Surtout au moment où la crue est à son plus fort, on aura d'autres points de vue le long du chemin qui conduit au rang du Fleuve, le long de ce dernier et des voies qui donnent accès à la sortie 160 de l'autoroute, à l'est de la rivière Maskinongé.

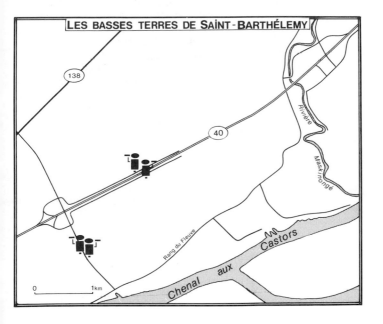

LES BASSES TERRES DE SAINT-BARTHÉLEMY

4. L'île du Moine

*La très grande valeur orni-
thologique de l'île du Moine
est connue des observateurs
d'oiseaux depuis plusieurs
décennies déjà. Les canards
barboteurs y nichent en
grand nombre et c'est par
centaines qu'ils s'assemblent sur son rivage nord
à la fin d'août. Parmi les autres oiseaux nicheurs,
il faut mentionner le Phalarope de Wilson, le Troglodyte à bec court et le Bruant à queue aiguë.
Cette île constitue également l'un des rares bons
sites de rassemblement d'oiseaux de rivage du
sud-ouest de la province depuis que les travaux
de la voie maritime du Saint-Laurent ont fait disparaître les rivages boueux du bassin de La Prairie.
Enfin, mouettes, sternes et goélands sont nombreux à s'y regrouper l'été durant. Il va sans dire
que tous ces rassemblements d'oiseaux attirent
régulièrement diverses espèces inusitées, des oiseaux de rivage comme la Barge marbrée ou le
Courlis corlieu, des grands échassiers comme
l'Aigrette neigeuse ou l'Aigrette bleue, ou encore
la Mouette pygmée ou la Mouette à tête noire.*

**Meilleure
période** — La période qui va du début de juin jusqu'à la
mi-septembre est la plus favorable.

Accès — À l'extrémité est de l'autoroute 30, il faut continuer tout droit jusqu'à la route 132, tourner à
gauche, traverser les voies ferrées et prendre immédiatement à droite la rue Mgr-Desranleau, qui
devient plus loin la rue du Chenal du Moine. À environ 13 kilomètres de la route 132, on trouvera un
petit stationnement en face du restaurant Chez
Bedette. Le passeur demeure tout près, au 3706;

il faut toujours lui téléphoner à l'avance (743-3025) pour fixer un rendez-vous. Les personnes qui possèdent leur propre embarcation trouveront une rampe de mise à l'eau à proximité.

Au site — C'est sur le rivage nord, à l'extrémité est de l'île, que se rassemblent la majorité des oiseaux qui fréquentent le site. Si on a recours aux services du passeur, on lui demandera d'être déposé à la pointe nord-est et d'y être repris quelques heures plus tard (trois heures si on visite le site sans pique-niquer sur place, quatre ou cinq dans le cas contraire).

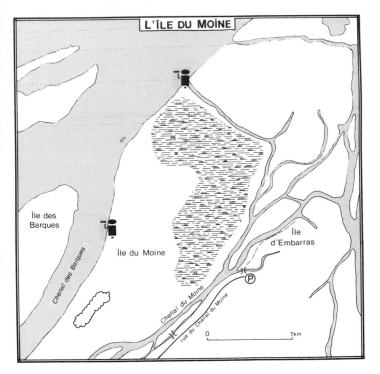

L'ÎLE DU MOINE

Île des Barques

Île du Moine

Île d'Embarras

Chenal des Barques

Chenal du Moine

rue du Chenal du Moine

0   1 km

Au début de juin, en plus de divers canards plongeurs, on observe souvent la Bernache cravant dans les eaux qui baignent la pointe. Le Phalarope de Wilson, qui niche sur l'île, fréquente habituellement le rivage herbeux de la pointe. À cette époque, divers oiseaux de rivage se nourrissent sur la plage boueuse qui s'étend vers l'ouest sur environ deux kilomètres. À la migration d'automne, à compter du mois d'août, ils y seront plus nombreux et plus variés; on pourra y observer toutes les espèces qui migrent par le sud du Québec, y compris le Bécasseau de Baird, le Bécasseau à échasses, le Tournepierre à collier et le Bécasseau maubèche. De nombreux goélands se rassemblent également sur cette pointe; c'est parmi eux qu'il faudra chercher à découvrir une espèce inusitée comme la Sterne caspienne ou la Mouette à tête noire. Dans le marais en retrait de la pointe, on verra entre autres le Troglodyte des marais, la Guifette noire, le Butor d'Amérique, le Bihoreau à couronne noire et le Grand Héron.

En poursuivant vers l'ouest sur le rivage, on parviendra en face de l'île des Barques, sur les rivages de laquelle la Sterne pierregarin et la Mouette de Bonaparte s'attroupent en grand nombre en août. Derrière, dans les hautes herbes qui couvrent cette partie de l'île du Moine, quelques couples du Troglodyte à bec court et du Bruant à queue aiguë ont établi leur territoire. Il faut parfois marcher sur une bonne distance avant de repérer les mâles chanteurs, habituellement perchés au sommet d'une grande touffe d'herbes. Ils font entendre leurs chants jusqu'au début d'août habituellement. Le Râle jaune a déjà été entendu en été dans les dépressions qu'on rencontre vers le centre de l'île.

Une grande baie marécageuse marque le fin de la plage à la hauteur de l'île des Barques. À la fin d'août, plusieurs centaines de canards barboteurs s'y rassemblent. Plus loin encore vers l'ouest, il y a un bosquet de grands saules qui attirent de nombreux passereaux migrateurs à compter de la fin d'août.

Phalarope de Wilson

Daniel Jauvin

5. Le sanctuaire de Saint-Majorique

Sur les bords de la rivière Saint-François, au nord-ouest de Drummondville, se trouve le Centre éducatif forestier La Plaine, à côté duquel s'étendent des terrains acquis par Hydro-Québec. Ces terres, où la chasse est interdite, sont couvertes de formations végétales différentes: plantations de conifères, bois de feuillus, terrains découverts et bosquets riverains. Avec les eaux de la rivière, cet ensemble forestier constitue donc une destination où l'on verra une grande variété d'oiseaux, d'autant plus que le cours d'eau forme une voie de migration naturelle.

Meilleures périodes — On pourra faire des observations intéressantes en toute saison.

Accès — Le sanctuaire est situé à l'extrémité ouest du chemin du Golf, auquel on accède par la sortie 179 de l'autoroute 20.

Au site — En hiver, le chemin du Golf est fermé à la hauteur du centre La Plaine. Aux mangeoires qu'on y installe, on verra la cohorte habituelle des passereaux hivernants. Dans les conifères plantés, on cherchera à voir le Bec-croisé rouge et le Bec-croisé à ailes blanches. Dans les eaux libres de glaces de la rivière, on verra le Grand Bec-scie et parfois le Canard noir ou le Garrot à oeil d'or ou le Bec-scie couronné. Le long de la berge, les arbustes fruitiers attirent le Durbec des pins. À compter de mai, le sentier jusqu'au rapide Spicer constitue un trajet idéal pour l'observation. En saison de nidification, la succession des bois de conifères et de feuillus permettra d'observer une grande variété de parulines, la Grive solitaire comme la Grive des bois, le Tangara écarlate comme l'Engoulevent bois-pourri. Ce dernier ainsi que la Chouette rayée se font entendre surtout au crépuscule. En août et en septembre, les migrateurs sont encore nombreux le long de la rivière, y compris le Grand Héron et le Balbuzard; lorsque le niveau de l'eau est suffisamment bas, des oiseaux de rivage s'arrêtent près de l'île Jersey.

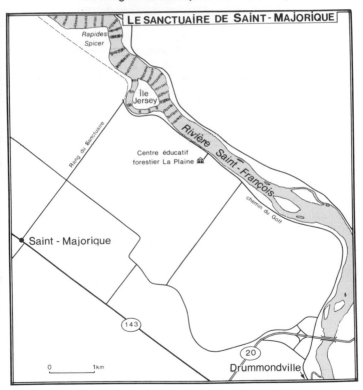

LE SANCTUAIRE DE SAINT-MAJORIQUE

Rapides Spicer

Île Jersey

Rivière Saint-François

Rang du Sanctuaire

Centre éducatif forestier La Plaine

chemin du Golf

Saint-Majorique

143

20

Drummondville

0   1km

6. La plaine de Baie-du-Febvre

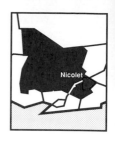

Nicolet

Lors de la crue printanière, les basses terres inondées qui s'étendent à l'est de Baie-du-Febvre constituent la halte migratoire de la vallée du Saint-Laurent la plus utilisée par la Bernache du Canada (plus de 100 000 oiseaux au total) et les canards barboteurs. Par ailleurs, la présence de plus de 40 000 Oies des neiges ne manque pas d'ajouter au spectacle. Outre ces oiseaux, des canards plongeurs, des rapaces, des oiseaux de rivage et de grands échassiers fréquentent également le site. En plus des champs inondés, il est bon de souligner qu'un petit étang, situé en bordure du chemin Janelle, constitue un lieu de rassemblement à ne pas manquer: les oiseaux qui le fréquentent, dont le Phalarope de Wilson, le Canard roux et la Poule-d'eau, y sont observés à courte distance. Avec ses divers postes aménagés qui facilitent d'autant l'observation, cet endroit est à juste titre l'un des plus fréquentés de la province par les observateurs.

Meilleures périodes — Les oies, les bernaches et les canards sont présents en nombre maximum entre la mi-avril et le début de mai, mais on fera également des observations intéressantes jusqu'en septembre (selon les espèces).

Accès — On trouvera des points d'observation le long de la route 132 et du chemin Janelle, de part et d'autre de Baie-du-Febvre, ainsi qu'une tour d'observation à l'extrémité de l'embranchement ouest du chemin Janelle.

Au site   — De la fin de mars au début de mai, le site est patrouillé par divers rapaces: le Hibou des marais (principalement à l'ouest du chemin Janelle), la Buse pattue et le Busard Saint-Martin à la recherche de petits rongeurs; le Faucon pèlerin et le Harfang des neiges à l'affût de canards; et parfois un Pygargue à tête blanche en quête d'oies blessées ou de poissons. Le Busard Saint-Martin et le Hibou des marais (ce dernier à la brunante surtout) sont présents jusqu'à la fin de l'été.

Les canards arrivent en avril et restent jusqu'à la mi-mai. Sur la dizaine de kilomètres de terres inondées à l'est de Baie-du-Febvre, ils sont plusieurs milliers ensemble dans les dernières se-

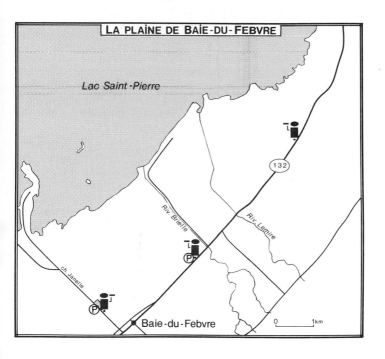

maines d'avril. Tous les barboteurs sont présents, y compris le Canard siffleur d'Europe à l'occasion, de même que divers plongeurs comme le Morillon à dos blanc, le Morillon à tête rouge, le Morillon à collier, le Bec-scie couronné et le Petit Garrot.

Jusqu'à 100 000 Bernaches du Canada font halte dans les terres inondées, la migration connaissant un sommet vers la fin d'avril. Les oiseaux sont surtout présents sur le site au début et à la fin du jour car ils se déplacent vers les hautes terres pour s'alimenter. Ces dernières années, l'Oie des neiges est de plus en plus nombreuse à s'arrêter dans la plaine de Baie-du-Febvre et sa migration coïncide largement avec celle de la Bernache du Canada. De façon générale, les oies quittent les champs inondés tôt le matin pour aller s'alimenter vers les hautes terres et reviennent vers la fin de la matinée, à compter de dix heures: c'est à ce moment que le spectacle est à son meilleur.

À mesure que mai avance, les eaux se retirent et les oies, les bernaches et les canards continuent leur route vers le nord, mais divers oiseaux de rivage fréquentent alors les sections encore boueuses du site.

Le petit étang qui borde le chemin Janelle commence à dégeler vers le 20 avril. Au début on y voit surtout des canards plongeurs. Les barboteurs — toutes les espèces sont représentées — l'occupent de mai à septembre et sont particulièrement nombreux en août. La Poule-d'eau est également un hôte visible durant toute la belle saison. En mai on verra jusqu'à une trentaine de Phalaropes de Wilson. Ce petit limicole, qui niche dans les prairies humides environnantes, a la particularité de chercher sa nourriture en tournoyant sur l'eau. En juin, il faut surveiller la présence exceptionnelle du Canard roux car l'étang est l'un des très rares sites où l'espèce a niché au Québec.

Estrie et Bois-Francs

5

Pays de montagnes et de collines, cette région, l'une des plus pittoresques de la province, rappelle à bien des visiteurs français leur campagne natale. Autour des villes et des villages, logés au creux d'une vallée ou sur les bords d'un lac, partout la nature est omniprésente et variée. Pâturages, friches, bois de feuillus, massifs de conifères, marécages, cours d'eau, tous les types de milieux sont à faible distance de la résidence dans cette mosaïque naturelle. Peu importe où l'on demeure donc, il suffit d'explorer pour en découvrir l'avifaune, elle aussi fort variée. La région partage certes avec celle de Montréal des espèces méridionales comme le Moucherolle des saules, le Tyran huppé, le Troglodyte familier, le Troglodyte des marais, le Moqueur roux, le Viréo à gorge jaune, le Viréo mélodieux, le Cardinal rouge, le Passerin indigo, le Roselin familier et l'Oriole du Nord; mais en outre, la forêt boréale qui couronne ses plus hauts sommets abritent des espèces nicheuses comme le Moucherolle à ventre jaune, la Grive à joues grises et la Paruline rayée. Tandis que le paysage montagneux favorise la présence régulière de l'Urubu à tête rouge en divers endroits, plusieurs lacs accueillent une variété impressionnante d'oiseaux aquatiques, notamment en période de migration.

1. Le lac Boivin

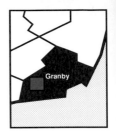

Granby

Grâce aux aménagements réalisés par le Centre d'interprétation de la nature du lac Boivin, le marécage de l'extrémité nord-est de ce plan d'eau constitue l'une des meilleures destinations de la région pour observer les oiseaux aquatiques, avec en prime de bonnes possibilités pour l'observation des oiseaux terrestres en période de migration. En somme, c'est un site où l'on ne manquera pas de revenir, comme en témoigne déjà le retour année après année d'ornithologues amateurs de diverses régions.

Meilleures périodes — On fera des observations intéressantes d'avril à novembre, notamment en avril et mai ainsi que d'août à novembre. Il est à noter que le centre organise des activités (conférences, expositions et excursions guidées) à longueur d'année; s'informer du programme au (514) 375-3861.

Accès — Le Centre d'interprétation de la nature du lac Boivin est situé au 700 rue Drummond, à quelques kilomètres seulement à l'extérieur de la ville de Granby, du côté nord-est du lac Boivin. On trouvera un vaste stationnement adjacent au centre d'interprétation, d'où partent les sentiers pour l'observation.

Au site — Une tour d'observation haute de dix mètres et des sentiers construits au bord même du marécage offrent des points de vue remarquables pour l'observation des oiseaux aquatiques, incluant ceux qui utilisent les ressources du marais comme le martin-pêcheur, le busard, les hérons et les butors. Au printemps, outre les canards barboteurs, on aura également l'occasion d'observer entre autres le Balbuzard, la Bernache du Canada et, parfois, l'Oie des neiges. En mai, la randonnée sera souvent interrompue lorsqu'on cherchera à observer les passereaux migrateurs qui se déplacent dans les bosquets qui bordent le marécage. Au milieu de l'été, on pourra passer beaucoup de temps à observer les canards et divers oiseaux de marais occupés à élever leurs jeunes; la randonnée complète dans les sentiers fait passer le visiteur dans des friches (où l'on trouve parfois le Moucherolle des saules) et dans une prucheraie (où l'on découvrira peut-être de jeunes hiboux). En migration d'automne les canards sont encore plus nombreux. À compter du mois d'août, s'assemblent d'abord des canards barboteurs, parmi lesquels on verra le Canard branchu. Puis à compter du début d'octobre, s'ajoutent des canards plongeurs, le Morillon à collier et le Bec-scie couronné entre autres.

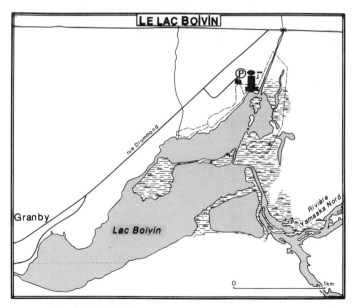

L'Estrie et les Bois-Francs

2. Le bois Beckett et le mont Bellevue

Sherbrooke

La ville de Sherbrooke est dotée de deux parcs naturels qui sauront répondre aux attentes des amateurs intéressés par l'observation des oiseaux forestiers: le bois Beckett, déclaré récemment zone d'aménagement naturel, et le mont Bellevue. Moins venté, le bois Beckett accueille des oiseaux en toute saison, y compris le Grand Pic et la Chouette rayée, qui y nichent. Au mont Bellevue, la forêt plus jeune et plus exposée offre moins de possibilités en période hivernale; en revanche, les espèces migratrices et nicheuses y sont aussi variées qu'au bois Beckett.

Meilleures
périodes — Comme dans tous les milieux forestiers, la période idéale va de la fin d'avril au début de juillet aux deux sites. Le bois Beckett, toutefois, se prête également à l'observation en période hivernale.

Accès — Le bois Beckett est situé du côté nord-ouest de Sherbrooke. On s'y rend notamment par le boulevard Jacques-Cartier en direction nord, à l'extrémité duquel il faut prendre à gauche la rue Beckett; l'entrée du parc se trouve à environ un kilomètre de là, du côté nord, derrière un réservoir municipal.

L'entrée du parc où se trouve le mont Bellevue est située en face de l'intersection des rues Dunant et Thibault. On peut s'y rendre entre autres en empruntant la rue Belvédère vers le sud à partir de la rue King, puis la rue Dunant jusqu'à l'entrée du parc.

Au bois Beckett

Plusieurs sentiers bien balisés parcourent cet ensemble forestier constitué surtout par des formations de feuillus âgés où s'entremêlent quelques bosquets de conifères et un ou deux vieux vergers

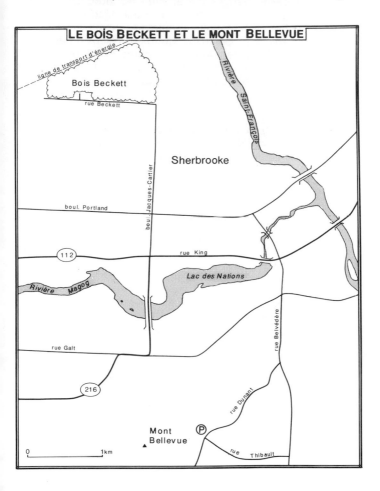

LE BOIS BECKETT ET LE MONT BELLEVUE

ligne de transport d'énergie

Bois Beckett

rue Beckett

Rivière Saint-François

Sherbrooke

boul. Portland

boul. Jacques-Cartier

112

rue King

Rivière Magog

Lac des Nations

rue Galt

rue Belvédère

216

rue Durant

Mont Bellevue

rue Thibault

0   1km

envahis par un regain. En hiver le tout fournit donc abri et nourriture à diverses espèces hivernantes comme la Sittelle à poitrine blanche, le Grimpereau brun, la Chouette rayée et le Grand Pic. Ce dernier est d'ailleurs un des rares oiseaux forestiers à réussir à s'adapter au morcellement des parcelles boisées par l'urbanisation croissante et l'agriculture, pourvu toutefois que les massifs âgés soient conservés et que l'on n'élimine pas systématiquement les vieux arbres morts où il trouve nourriture et abri pour sa nichée. On le verra plus facilement à compter de la fin de mars, alors qu'il s'affaire bruyamment à faire sa cour et à creuser une cavité.

Avec la venue du printemps, le bois Beckett se fleurit comme pour célébrer le retour des oiseaux migrateurs. On y sera accueilli entre autres par la Paruline jaune et la Paruline flamboyante et on pourra y voir des surprises comme le Cardinal rouge et le Passerin indigo.

Au mont Bellevue

Après avoir gravi une pente buissonnante, les sentiers non balisés s'engagent dans la forêt jusqu'au sommet du mont Bellevue. En mai on verra la majorité des passereaux migrateurs. En saison de nidification, la Petite Buse tournoie régulièrement au-dessus du site, tandis que le Tangara écarlate et le Cardinal à poitrine rose se voient dans la partie boisée. Dans les bosquets de conifères on découvrira la Paruline verte à gorge noire.

Normand David

3. *Le marais de Katevale*

Logé à la pointe sud du lac Magog, ce marais est l'un des rares espaces de ce type de la région qui soit à la fois aussi étendu et aussi facile d'accès. Toutes les espèces nicheuses particulières à ce type de milieu y sont présentes, y compris le Héron vert, le Troglodyte des marais et même le Petit Butor. L'ornithologue canoteur aura ici un endroit hors-pair pour s'adonner à son loisir. Quant au promeneur il pourra ajouter à l'observation des oiseaux de marais une randonnée à l'île du Marais où il trouvera une variété appréciable de passereaux forestiers.

À proximité se trouvent plusieurs points de vue sur les eaux du lac Magog, où se rassemblent canards, mouettes et goélands en période de migration.

Meilleure période — On fera des observations intéressantes de la fin d'avril à la fin de septembre principalement.

Accès — De l'autoroute 55 en direction sud, il faut prendre la route 108 en direction est, rouler environ un kilomètre puis prendre à gauche le chemin du Ruisseau; l'entrée du site se trouve à environ 2,5 kilomètres de l'intersection, au milieu de la deuxième courbe que fait le chemin.

Au site — Lors de la crue printanière, après le dégel, on verra depuis le chemin du Ruisseau des rassemblements de canards et de bernaches dans les

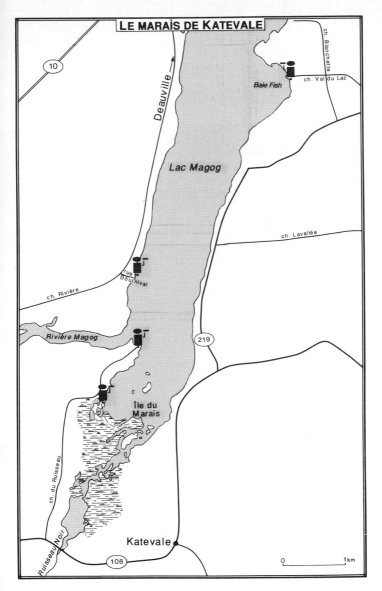

LE MARAIS DE KATEVALE

10

Deauville

Baie Fish

ch. Blanchette

ch. Val du Lac

Lac Magog

ch. Lavallée

rue Bournival

ch. Rivière

Rivière Magog

219

Île du Marais

ch. du Ruisseau

Ruisseau Noir

Katevale

108

0   1 km

champs qu'inonde le ruisseau Noir. D'autres fréquentent le lac Magog près de l'entrée du sentier qui conduit à l'île du Marais. Lorsque les eaux sont trop hautes, il est parfois impossible de se rendre à l'île.

C'est surtout à compter de la mi-mai et durant tout l'été que le site est entièrement accessible. On aura plusieurs points de vue sur le marais depuis le sentier et l'île. Le Râle de Virginie, le Râle de Caroline, le Troglodyte des marais, le Grèbe à bec bigarré, la Poule-d'eau, le Canard branchu, le Héron vert et parfois la Foulque d'Amérique sont toutes des espèces présentes, mais qui ne se laissent pas toujours voir au cours d'une seule visite. Le Petit Butor est encore plus discret mais on l'entendra chanter assez souvent et, avec un peu de chance et de patience, on le verra parfois voler brièvement au-dessus des quenouilles. Dans les friches et les buissons en bordure du marais, le Tyran tritri, le Bruant des marais et le Moucherolle des aulnes sont nombreux, tandis que le Moucherolle des saules se rencontre beaucoup plus rarement. La randonnée dans l'île du Marais fournira l'occasion d'observer un bon nombre des espèces typiques du sud du Québec comme le Viréo mélodieux et l'Oriole du Nord.

À proximité — Quelques points de vue sur le lac Magog sont accessibles pour l'observation des oiseaux aquatiques qui s'y rassemblent, particulièrement en période de migration. Du côté est du lac d'abord, on pourra se rendre sur les bords de la baie Fish par le chemin Val du Lac. À compter du mois d'août, des canards barboteurs, des oiseaux de rivage, des goélands et la Mouette de Bonaparte fréquentent les eaux et les rives de la baie.

Du côté nord, à Deauville, derrière les tours d'habitation construites sur les bords du lac, on pourra voir divers canards plongeurs au printemps comme à l'automne. Du côté ouest, il faudra se rendre au pied de la rue Bournival, au nord de l'embouchure de la rivière Magog.

Troglodyte des marais

Paul Perreault

4 Le mont Mégantic

Sherbrooke

Reposant sur une assise large de dix kilomètres, le mont Mégantic est une formation géologique apparentée aux Montérégiennes. Haut de 1098 mètres et facilement accessible, il compte parmi les sommets les plus élevés du sud du Québec (si l'on fait exception des massifs de la Gaspésie). Soumise à des conditions climatiques semblables à celles qu'on retrouve à des latitudes bien plus nordiques, la forêt qui le couronne abrite une avifaune nettement différente de celle qu'on retrouve dans les basses terres environnantes. Visiter ce site en période de nidification fournit donc l'occasion fort instructive de passer en quelques minutes du domaine du Moucherolle tchébec à celui du Moucherolle à ventre jaune, du Troglodyte familier au Troglodyte des forêts, de la Grive fauve à la Grive à joues grises, du Pic mineur au Pic à dos noir et de la Paruline bleue à gorge noire à la Paruline rayée.

La beauté du paysage, au pied comme au sommet de la montagne, vaut certainement le déplacement et l'on regrettera facilement de ne pas avoir prévu un week-end complet pour explorer ce coin de pays vraiment unique.

Meilleure période — Le mois de juin constitue sans contredit le meilleur moment pour visiter ce site.

Accès — Le mont Mégantic est situé à environ 70 kilomètres à l'est de Sherbrooke. À partir de Lennoxville, au sud de Sherbrooke, on s'y rend en empruntant la route 108 jusqu'à Cookshire et la route 212 jusqu'à Notre-Dame-des-Bois. À partir de Notre-Dame-des-Bois, il faut rouler en direction nord vers Val-Racine et tourner à gauche environ trois kilomètres plus loin. Un panneau indicateur annonce l'observatoire du mont Mégantic, observatoire astronomique installé sur l'un des sommets de la montagne.

Au site — Si l'on veut vraiment sentir le dépaysement avant d'accéder au sommet, rien de mieux que de passer quelque temps à explorer les environs au pied de la montagne, par exemple le long des routes qui partent de Val-Racine (côtés nord et est du mont).

Le chemin d'accès traverse d'abord une belle prairie puis, après un virage à 90° vers le nord, entre-

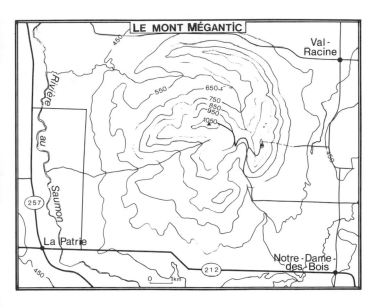

prend la montée à travers bois: des érablières d'une belle venue d'abord, des formations où le Bouleau jaune est de plus en plus présent ensuite, des bois purs de sapins enfin.

À mi-pente, le chemin se divise en deux. L'embranchement droit conduit au sommet Saint-Joseph, où une chapelle commémorative fut construite à la fin du siècle dernier. Les sapins moussus qui bordent ce chemin constituent le royaume du Troglodyte des forêts et du Moucherolle à ventre jaune. Contrairement à la partie précédente de la montée, on trouvera facilement ici à arrêter la voiture en sécurité à plusieurs endroits. Dans la dernière partie du trajet avant le sommet proprement dit, on notera que les tintements faibles du chant de la Paruline rayée se font de plus en plus nombreux. Le sommet largement dénudé offre un point de vue remarquable sur les flancs est et sud de la montagne. À gauche de l'antenne émettrice, en direction nord-est, on pourra explorer une formation végétale unique: une forêt de sapins rabougris par les vents froids. C'est le domaine de la Grive à joues grises, qui se distingue principalement de la Grive à dos olive par son chant (il contient des roulades comme celui de la Grive fauve, mais en plus discordant).

L'embranchement gauche du chemin conduit à l'observatoire astronomique, construit au sommet proprement dit du mont Mégantic. Tout le long du trajet, on verra entre autres la Paruline rayée et la Paruline obscure, plus nombreuses que sur l'autre sommet. À plusieurs endroits on pourra explorer d'un côté ou de l'autre du chemin, à la recherche du Pic à dos noir et du Geai du Canada.

5. Le Petit lac Saint-François, le réservoir Beaudet, le lac William et le lac à la Truite

Sherbrooke

Bien qu'ils soient éloignés les uns des autres, ces plans d'eau sont fréquentés régulièrement par de nombreux oiseaux aquatiques. Par là même, ils illustrent le fait que plusieurs autres lacs de la région sont eux aussi des lieux de rassemblement, où des visites régulières permettraient de faire des découvertes intéressantes. Les lacs décrits ici sont surtout connus des ornithologues pour la possibilité qu'ils offrent d'observer une variété impressionnante de canards plongeurs lors de la migration automnale. On verra alors entre autres le Petit Garrot, le Huart à gorge rousse, les trois espèces de macreuses et le Canard kakawi. Chaque année, on découvre quelques espèces inusitées sur l'un ou l'autre de ces lacs, comme par exemple le Morillon à dos blanc, l'Eider à duvet et même des oiseaux strictement marins comme le Labbe parasite ou le Phalarope roux. Chacun de ces lacs a en outre ses particularités, lesquelles sont esquissées ci-dessous.

Meilleures périodes — La migration des canards plongeurs a lieu en octobre et en novembre, et particulièrement de la mi-octobre à la mi-novembre; c'est à cette époque surtout que le lac William et le petit lac Saint-François méritent d'être visités. Le lac à la Truite et le réservoir Beaudet offrent en outre des possibilités d'observation au printemps et en été.

Accès — Le petit lac Saint-François est situé à l'ouest de Windsor, en bordure de la route 249.

Le réservoir Beaudet est situé du côté nord de la ville de Victoriaville, à l'intersection des routes 122 (boulevard Industriel) et 162.

Le lac William est situé au sud-est de Plessisville (à une vingtaine de kilomètres par la route 265), devant le village de Saint-Ferdinand (Bernierville).

Le lac à la Truite est également situé en bordure de la route 265, à quelques kilomètres seulement au sud-est du lac William.

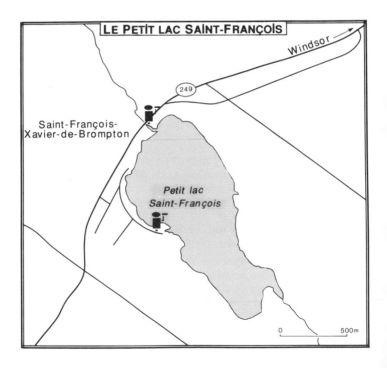

Au petit lac Saint-François

Ce lac, où la chasse est interdite, doit sa renommée aux rassemblements importants de canards en migration automnale. On a des points de vue sur le lac depuis la route 249 ainsi que des terrains vacants situés vers le coin nord-ouest du lac (prendre la première rue à gauche après avoir longé le lac et se rendre à un parc municipal). En septembre, les canards barboteurs sont particulièrement nombreux: jusqu'à 600 Canards noirs et 100 Canards colverts; les autres espèces sont beaucoup moins abondantes. De la fin de septembre au début de novembre on verra surtout des canards plongeurs, notamment le Grèbe cornu, le Grèbe jougris, le Morillon à collier, le Petit Morillon, les macreuses, le Petit Garrot et le Grand Bec-scie (jusqu'à 600 oiseaux); ces trois dernières années, le Morillon à dos blanc et le Canard roux ont également été signalés.

Au réservoir Beaudet

Des sentiers pédestres et des voies cyclables ceinturent les côtés sud, ouest et nord de ce plan d'eau. Ces aménagements sont d'autant plus utiles qu'il existe des possibilités d'observation du printemps à l'automne. Après le dégel (en avril), des canards barboteurs fréquentent la partie est du réservoir; avec eux on verra entre autres le Huart à collier, la Bernache du Canada, le Petit Garrot et le Bec-scie à poitrine rousse; le Balbuzard fait halte de la fin d'avril à la mi-mai.

À compter de la mi-mai, on aura intérêt à explorer les bosquets qui bordent le marécage au coin sud-est. On y accède facilement par le sentier dont le point de départ est au stationnement situé en bordure du chemin secondaire qui s'avance vers la rivière Bulstrode depuis le boulevard Industriel. On verra entre autres le Héron vert, le Martin-pêcheur d'Amérique, le Moucherolle des saules, le Moucherolle des aulnes et le Viréo mélodieux.

Avec la venue de septembre les attroupements quotidiens du Goéland à bec cerclé augmentent sans cesse. En fait l'espèce est présente durant toute la belle saison (et a même déjà niché au site); à tous les soirs, quelque temps avant le crépuscule, de nombreux oiseaux convergent de toute part pour venir dormir sur les eaux du réservoir. Ces attroupements de goélands attirent infailliblement des laridés inusités, comme par exemple la Mouette de Franklin et le Goéland brun. Ce dernier en est d'ailleurs en 1988 à sa deuxième présence annuelle consécutive, une indication peut-être qu'il est un habitué du site comme certains individus dont on a rapporté la présence une

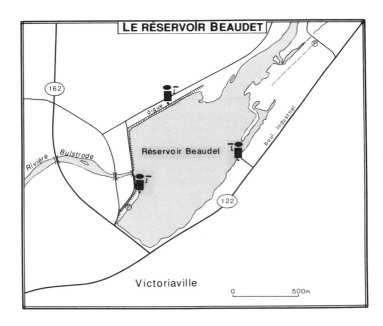

dizaine d'années de suite en divers endroits dans le nord-est de l'Amérique du Nord. Jusqu'au début de novembre, on aura également l'occasion d'observer plusieurs espèces de canards plongeurs, dont le Grèbe jougris, le Petit Morillon, le Canard kakawi, les trois espèces de macreuses et le Bec-scie couronné.

Au lac William

Deux points de vue majeurs donnent sur le lac: le terrain de stationnement adjacent au poste de pompiers au centre du village et les bords de la route 165 près du pont situé à l'extrémité sud du lac. Ce plan d'eau est surtout connu pour les rassemblements de canards plongeurs qui ont lieu de la fin de septembre à la mi-novembre. On y verra

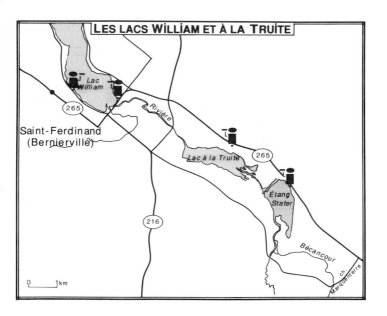

LES LACS WILLIAM ET À LA TRUITE

Lac William

265

Saint-Ferdinand (Bernierville)

Rivière

Lac à la Truite

265

Étang Stater

216

Bécancour

ch Marquisterre

0   1 km

entre autres le Huart à collier, le Huart à gorge rousse, le Morillon à collier, le Canard kakawi, les trois espèces de macreuses, le Petit Garrot et le Bec-scie couronné.

Au lac à la Truite

La présence d'un grand marécage (étang Stater) à l'extrémité est du lac ajoute des possibilités d'observation au printemps et en été. On aura quelques points de vue sur le lac et le marécage depuis les bords de la route 265, mais c'est en canot que l'ornithologue pourra encore mieux explorer le site.

Les canards nicheurs, présents dès la fin d'avril, incluent la Sarcelle à ailes bleues, le Morillon à collier, le Canard souchet et le Canard branchu. Le Balbuzard niche également dans le marécage. Au printemps et en été, on pourra ajouter à l'observation des oiseaux aquatiques celle des oiseaux forestiers, notamment le long du chemin Marquenterre là où il croise la rivière Bécancour (au sud-est du lac). La Mésange à tête brune et le Grand Pic se rencontrent dans le secteur.

En migration automnale, on observera les mêmes espèces qu'au lac William, mais en moins grand nombre.

Paul Perreault

L'Estrie et les Bois-Francs

Hirondelle à front blanc

Paul Perreault

6

Québec et Charlevoix

La région de Québec chevauche trois grands domaines: celui des Laurentides, largement couvertes de forêts boréales dans Charlevoix; celui des basses terres du Saint-Laurent, qui s'arrêtent au pied du cap Tourmente; et celui de l'estuaire du Saint-Laurent, qui fait ressentir ses influences jusque sur les rives de l'île d'Orléans. Cette situation particulière fait en sorte par exemple que le Bruant à queue aiguë, un oiseau typique des marais de l'estuaire, et le Troglodyte des marais, hôte des marais des basses terres, se rencontrent côte à côte.

Mais l'attrait ornithologique principal de cette région est sans contredit le spectacle donné par les immenses troupeaux de l'Oie des neiges qui s'arrêtent sur les rives du Saint-Laurent au cours des migrations qui les conduisent depuis les terres arctiques, où elles nichent, jusqu'à la côte Atlantique des États-Unis, où elles hivernent. Au printemps comme à l'automne, ce sont des volées nombreuses qui survolent les battures et viennent les couvrir de leur blancheur éclatante. Il s'agit de l'un des rares spectacles grandioses que la Nature offre au Québec.

1. Le parc des Grands Jardins

Québec

S'étendant sur certains des plus hauts sommets des Basses-Laurentides, ce parc largement couvert par la forêt boréale constitue une en-clave unique. Dominée par l'Épinette noire, cette forêt prend des allures de taïga à l'altitude où elle croît. Le Tétras du Canada y abonde, de même que toutes les autres espèces typiques de ce milieu: Geai du Canada, Mésange à tête brune, Moucherolle à ventre jaune, Pic tridactyle, Pic à dos noir, Paruline rayée, Paruline obscure, etc. Cette région montagneuse est également propice à l'observation de l'Aigle royal, toujours très rare cependant.

Meilleure période — La saison propice est limitée par la période d'accès au parc, généralement de juin à septembre.

Accès — Le parc des Grands Jardins est géré par le ministère du Loisir, de la Chasse et de la Pêche. Pour l'hébergement, on peut compter sur un camping et sur des chalets rustiques mais confortables. L'entrée du parc est située sur la route 381, à une quarantaine de kilomètres au nord de Baie-Saint-Paul, via Saint-Urbain.

Au site — Un bon réseau de routes de gravier donne accès à plusieurs secteurs du parc. Principalement après la saison de reproduction, c'est au bord même des routes qu'on verra le Tétras du Canada, près du lac Sainte-Anne et vers l'extrémité ouest du parc surtout. On rencontrera les autres espèces boréales au hasard de la promenade. Au camping, le Geai du Canada vient manger dans l'assiette du campeur. Sur les lacs, on verra le Balbuzard pêcher et le Huart à collier lancer sa plainte envoûtante.

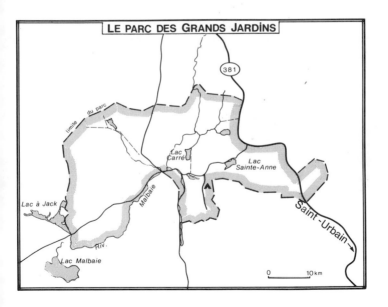

2. L'île aux Coudres

Québec

À faible distance des rives de Charlevoix, l'île aux Coudres mérite certainement une visite, ne serait-ce qu'à cause des bonnes conditions d'observation qu'elle offre (sans compter que la traversée et la visite ne prennent que quelques heures). La route qui la ceinture entièrement passe à faible distance de nombreux sites de rassemblement d'oiseaux de rivage et de canards.

Meilleures périodes

— On aura avantage à visiter cette île de la mi-mai à la mi-juin et au cours du mois d'août.

Accès

— On accède à l'île par un traversier qui a son port d'attache à Saint-Joseph-de-la-Rive, à une vingtaine de kilomètres à l'est de Baie-Saint-Paul par la route 362.

Au site

— Le traversier débarque le visiteur sur la côte nord de l'île; près du quai, le chemin qui longe le rivage vers l'ouest sur une certaine distance offre des points de vue faciles d'accès.

Les extrémités ouest et est de l'île, ainsi que la côte sud, recèlent de meilleures possibilités d'observation. À l'extrémité ouest, on trouvera d'abord le chemin des Prairies, lequel longe le rivage sur une bonne distance. Un peu plus loin, un autre chemin conduit à la pointe ouest de l'île; il longe une grande baie où de nombreux oiseaux de rivage se nourrissent à marée basse (ils sont plus faciles à observer lorsque la marée achève de monter).

La côte sud de l'île, dont la marée découvre l'assise rocheuse, est fréquentée par une variété d'espèces moins grande, mais on peut les obverver de plus près depuis la route qui la borde d'une extrémité à l'autre.

À la pointe est de l'île se produit un phénomène intéressant: à marée haute, quelques centaines d'oiseaux de rivage viennent se blottir sur un rocher situé à quelques mètres du rivage; on peut donc les observer à loisir et y découvrir une bonne variété d'espèces, y compris la Barge hudsonienne, le Courlis corlieu et le Pluvier doré d'Amérique. Le reste de la pointe mérite également d'être exploré à pied. Des étangs, un petit bois et le rivage fournissent autant de possibilités d'observation.

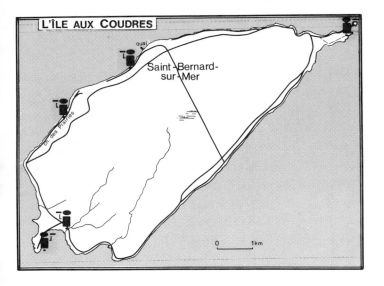

3. La réserve du cap Tourmente

Québec

La réserve nationale de faune du cap Tourmente compte parmi les sites les plus fréquentés par les ornithologues amateurs. Non sans raison. Il s'agit d'abord de la halte principale utilisée par l'Oie des neiges; au printemps comme à l'automne, une centaine de milliers d'oies s'assemblent sur les battures de la réserve. Celle-ci a d'ailleurs été constituée afin d'assurer la conservation d'une aire d'alimentation indispensable à cette population d'oiseaux, à laquelle l'Oie rieuse et l'Oie de Ross (quelques individus seulement) s'associent régulièrement. Le reste du troupeau, plus de 200 000 oiseaux, fréquente les battures des îles avoisinantes ainsi que la rive sud du fleuve, jusqu'à Rivière-du-Loup au printemps.

La présence de l'Oie des neiges est loin d'être le seul attrait du site. De nombreux étangs d'eau douce attirent une variété impressionnante d'oiseaux de marais et de canards. En outre, les passereaux et les rapaces se font très nombreux en période de migration, en partie à cause de la configuration des lieux: les hautes montagnes qui tombent en à-pic dans le fleuve marquent la fin des basses terres du Saint-Laurent et favorisent la concentratrion des oiseaux entre le fleuve et l'escarpement. C'est pourquoi d'ailleurs plusieurs espèces y trouvent la limite nord-est de leur aire de reproduction, notamment l'Oriole du Nord, le Viréo mélodieux, le Troglodyte des marais et la Sittelle à poitrine blanche. Par ailleurs, le Bruant à queue aiguë, un oiseau typique de l'estuaire, y occupe l'une des rares stations connues de la région.

Meilleures
périodes — On pourra faire des observations intéressantes en toute saison. L'Oie des neiges est présente du début d'avril à la mi-mai et de la fin de septembre au début de novembre.

Accès — La réserve est située à l'est du village de Saint-Joachim. Depuis la route 138 à l'est de Sainte-Anne-de-Beaupré, on s'y rend en empruntant les rues Prévost (vers le sud) et Royale (vers l'est). Les automobilistes ont accès au site à compter de 8 heures.

Au site — En roulant en direction de la partie principale de la réserve par la boucle sud de la route qui quitte Saint-Joachim, on verra la Grande Ferme (au sud de la route, juste à l'ouest de la voie ferrée). À gauche de l'édifice il y un étang qui mérite

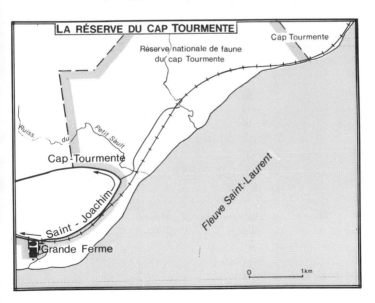

LA RÉSERVE DU CAP TOURMENTE

Cap Tourmente

Réserve nationale de faune du cap Tourmente

Ruiss.   du   Petit Sault

Cap-Tourmente

Saint - Joachim

Grande Ferme

Fleuve Saint-Laurent

0   1 km

toujours un coup d'oeil. En période de migration, les canards s'y rassemblent en bon nombre; plusieurs y nichent, de même que le Grèbe à bec bigarré, la Poule-d'eau et, parfois, la Foulque d'Amérique. Le Petit Butor et le Troglodyte des marais fréquentent les quenouilles qui bordent l'étang. Les champs situés immédiatement à l'est sont l'un des meilleurs endroits du site pour chercher à voir le Bruant à queue aiguë; celui-ci se rencontre également dans la partie supérieure du reste de la batture (vers l'est), mais sera plus difficile à découvrir en raison du manque de sentier d'accès.

En continuant sa route vers l'est, on verra l'entrée principale de la réserve environ deux kilomètres plus loin. On trouvera un terrain de stationnement immédiatement à l'est de l'édifice administratif (la Petite Ferme). Là se trouve le point de départ d'un sentier qui suit un ruisseau (le Petit Sault) et contourne des étangs; en période de migration, ce

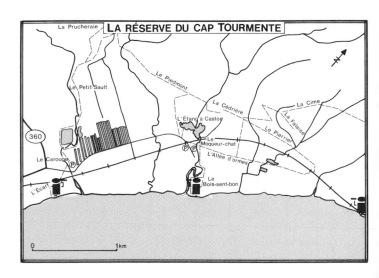

LA RÉSERVE DU CAP TOURMENTE

La Prucheraie

Le Piedmont

Le Petit Sault

La Cédrière

La Cime

L'Étang à Castor

La Falaise

360

Le Moqueur-chat

Le Pierrier

Le Carouge

L'Allée d'ormes

L'Écart

Le Bois-sent-bon

0   1 km

sentier offre également de bonnes possibilités pour l'observation des passereaux. C'est un excellent endroit où chercher à découvrir le Viréo mélodieux. On voit souvent des rapaces, y compris le Faucon pèlerin parfois, dans les arbres morts qui se dressent du côté est. La tour d'observation construite à cet endroit domine une section du ruisseau et des étangs, mais comme elle fait face au sud-est, on aura de meilleures conditions d'observation à compter du milieu de la journée.

En face de la Petite Ferme, près de la voie ferrée, on verra une petite plate-forme d'observation d'où on a une vue éloignée des oies sur la batture. En poursuivant vers l'ouest dans le sentier (l'Écart), on parviendra près du rivage, où une palissade permet d'observer les oies sans les effrayer.

Le centre d'interprétation de la réserve est situé à l'extrémité du chemin principal. En s'y rendant, on remarquera une série d'étangs parallèles aménagés au nord de la route: des canards barboteurs y sont toujours présents. Au plus fort de sa migration automnale, l'Oie des neiges vient souvent brouter en grand nombre dans les champs qui bordent la route (principalement lorsque la marée est haute); il s'agit là d'une excellente occasion pour chercher à découvrir une Oie rieuse ou une Oie de Ross mêlée au troupeau. L'air est alors rempli des caquettages incessants d'oies qui broutent et d'oies qui se laissent descendre vers le sol en formation lâche, comme gros flocons d'une neige fondante: un véritable son et lumière diurne, auquel l'escarpement paré de couleurs automnales fournit un décor indispensable à l'oeil du spectateur et à la lentille du photographe.

Le Grand Corbeau niche dans ces parois et les survole en toute saison, poursuivant les buses et les éperviers qui, à l'époque des migrations, sont nombreux à tournoyer en profitant des courants d'air ascendants. Toujours du côté nord de la route, avant que celle-ci ne traverse la voie ferrée, une plate-forme d'observation domine un petit étang marécageux que fréquentent le Bihoreau à couronne noire, le Martin-pêcheur d'Amérique et divers canards.

Le centre d'interprétation est érigé à proximité du terrain de stationnement qui se trouve de l'autre côté de la voie ferrée. À l'époque des migrations, les abords du centre ainsi que le secteur que traverse le sentier du Moqueur chat constituent un site de choix pour l'observation des passereaux. L'Oriole du Nord se voit fréquemment en été dans ce secteur. Durant les saisons froides, les postes d'alimentation érigés autour du centre favorisent la concentration des migrateurs attardés et des hivernants.

C'est également au centre qu'on trouve le point de départ du sentier qui conduit les visiteurs au bord de la batture, où ils pourront observer les dizaines de milliers d'Oies des neiges qui s'y nourrissent, avec lesquelles s'associent des bernaches et des canards. Un abri bien aménagé permet aux visiteurs d'être cachés à la vue des oies. Comme l'abri fait face au sud, les meilleures conditions d'observation sont réunies en après-midi lorsque la marée monte. Les oiseaux sont toujours aux aguets et lèvent à tout propos, y compris au passage haut dans le ciel d'un Pygargue à tête blanche, dont la présence est presque régulière à l'automne.

À partir du centre, on pourra en outre poursuivre l'exploration vers l'est en suivant le sentier bordé d'ormes. Il conduit jusqu'à la voie ferrée, d'où l'on jouira, au pied du cap Tourmente, d'un excellent point de vue sur les oies se nourrissant sur la batture, et ce même à marée basse. Le Faucon pèlerin a déjà niché dans les parois du cap depuis qu'on a commencé à le réintroduire il y a quelques années. On pourra également emprunter un embranchement de ce sentier (La Falaise) qui conduit dans les hauteurs de l'escarpement, d'où l'on dominera tout le site. En juin, la Paruline des pins se rencontre parfois dans les grands pins qui s'élèvent à proximité du belvédère.

D'autres sentiers longent le pied de l'escarpement en traversant diverses formations forestières et relient la Petite Ferme au centre d'interprétation; ils sont surtout recommandés en période de nidification.

Oie des neiges

Michel Robert

4. La base de plein-air de Sainte-Foy

Située au coeur de l'agglomération de la Vieille Capitale et accessible à longueur d'année, ce site est un endroit idéal où s'initier graduellement à l'observation des oiseaux. Les habitats variés dont il est constitué, bois de conifères et de feuillus, champs broussailleux et petits lacs, multiplient d'autant les possibilités d'observation. Comme à plusieurs autres sites, des visites répétées à chaque saison permettront d'observer les espèces susceptibles d'être rencontrées régulièrement dans de tels milieux.

Meilleures périodes — On pourra faire des observations intéressantes à tout moment de l'année.

Accès — La base occupe une partie du quadrilatère délimité par les boulevards Duplessis, Wilfrid-Hamel, Henri-IV et Charest. La rue Laberge, qu'on prend par le boulevard Duplessis, y conduit directement. On y accède également depuis le boulevard Charest (lorsqu'on roule vers l'ouest) par la sortie qui conduit à la rue Blaise-Pascal.

Au site — La partie ouest de la base est largement boisée. En hiver, on cherchera à découvrir, outre les espèces résidantes comme le Grimpereau brun, la Sittelle à poitrine rousse et le Pic chevelu, des oiseaux tels que le Pic tridactyle et le Pic à dos noir, dont l'abondance varie d'une année à l'autre. Avec un peu de chance, on surprendra peut-être un Grand-duc d'Amérique ou un Autour des palombes; ces deux rapaces nichent dans les parages.

À l'époque des migrations, il faudra en outre explorer les bosquets et les terrains buissonnants qui bordent les étangs. Ceux-ci reçoivent la visite de diverses espèces aquatiques, y compris par exemple le Grèbe à bec bigarré et le Chevalier solitaire.

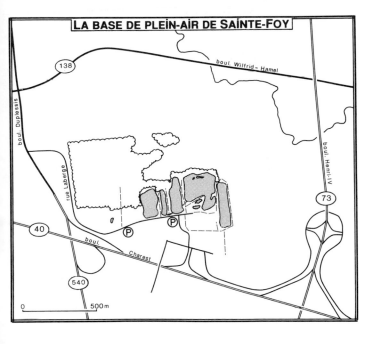

LA BASE DE PLEIN-AIR DE SAINTE-FOY

5. La tourbière de Dosquet

Québec

Les tourbières de grande étendue et facilement accessibles sont vraiment peu nombreuses dans les basses terres du Saint-Laurent. La flore et la faune particulières qui composent ces écosystèmes en font donc, dans cette portion du territoire, des paysages uniques. On aura l'occasion d'y observer entre autres la Paruline à couronne rousse et le Bruant de Lincoln.

Meilleure période — Le mois de juin constitue la période idéale pour visiter ce site.

Accès — La tourbière s'étend au sud de Dosquet de part et d'autre de la route 271, laquelle coupe l'autoroute 20 à la hauteur de Laurier-Station.

Au site — À quelque distance au sud de Dosquet, la route 271 traverse la tourbière sur cinq ou six kilomètres. On pourra l'explorer en s'engageant dans les quelques sentiers qui partent de la route ou encore observer du bord même de la route. Les espèces nicheuses les plus communes sont, entre autres, la Paruline masquée, le Roitelet à couronne rubis, le Bruant à gorge blanche, le Bruant des marais, la Paruline à joues grises et la Grive solitaire.

Le Bruant de Lincoln est relativement facile à trouver, même du bord de la route 271. Quant à la Paruline à couronne rousse, elle demeure fidèle à sa réputation: comme partout ailleurs dans son aire de nidification au Québec (et en période migratoire aussi), elle est vraiment peu commune, rare même. Il faudra donc faire preuve de persévérance lorsqu'on cherchera à la découvrir. Connaître son chant s'avère donc un atout pratiquement indispensable: il s'agit de deux trilles émis en succession sans pause apparente, le deuxième sur un ton légèrement différent du premier.

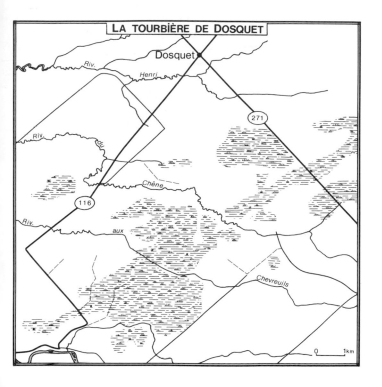

6. *La côte de Lévis*

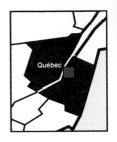

De l'embouchure de la rivière Chaudière à l'ouest jusqu'à l'anse Gilmour à l'est, les rues secondaires qui longent cette section de la rive sud du Saint-Laurent offrent de nombreux points de vue sur les eaux et les battures où se rassemblent des oiseaux aquatiques de toutes espèces. De tous ces sites, la batture de Saint-Romuald et l'anse Gilmour sont les plus intéressants. Le premier reçoit surtout la visite de canards plongeurs à l'automne, tandis que le second est fréquenté au printemps par oies, bernaches, canards barboteurs, mouettes et goélands.

À proximité, on trouvera deux autres sites fort intéressants: le parc des Chutes de la Chaudière et la vallée de la rivière Etchemin. Le premier est un espace largement boisé où l'on pourra pratiquer l'observation des oiseaux terrestres. Quant à la vallée de la rivière Etchemin, qu'on pourra remonter loin dans l'intérieur des terres, elle offre la possibilité d'observer divers oiseaux aquatiques dans un décor attrayant.

Meilleures périodes
— L'anse Gilmour et la vallée de la rivière Etchemin sont particulièrement riches en avril et en mai. La batture de Saint-Romuald est surtout fréquentée de la fin de septembre à la fin de novembre. On cherchera à visiter le parc des Chutes de la Chaudière de mai à septembre principalement.

Accès
— Les indications appropriées sont indiquées ci-dessous.

L'anse Gilmour

L'anse Gilmour est facilement accessible par la côte Guilmour, laquelle donne sur la rue Saint-Joseph à Lauzon. On pourra se déplacer le long du rivage, vers l'ouest comme vers l'est.

Durant la migration printanière, c'est-à-dire en avril et en mai, les eaux et les rives de l'anse se peuplent entre autres de canards barboteurs; on y verra également la Bernache cravant, la Bernache du Canada, l'Oie des neiges, de même que des goélands en bon nombre. Les rassemblements réguliers d'oiseaux à cet endroit attirent infailliblement des espèces inusitées, comme en témoignent les présences antérieures du Canard

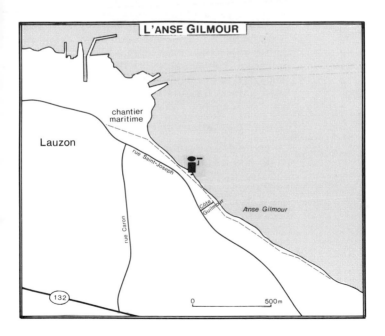

siffleur d'Europe, de l'Oie de Ross et de la Mouette rieuse.

Saint-Romuald

C'est depuis le grand parking qui s'étend derrière l'hôtel de ville, au pied de la rue de l'Église, qu'on aura le meilleur point de vue sur les eaux environnantes. Au cours de la migration d'automne, on aura l'occasion d'observer huarts, grèbes, garrots, morillons, macreuses et même le Canard kakawi.

La vallée de la rivière Etchemin

Pour explorer cette vallée, il faut emprunter la route des Iles vers le sud, laquelle coupe la route 132 et l'autoroute 20 à mi-chemin entre les routes 275 et 173. Elle longe de près la rive est de la rivière Etchemin sur une distance considérable. Pour le retour, après avoir traversé la rivière à Saint-Anselme ou à Sainte-Claire, on prendra les routes secondaires qui longent la rive ouest. De la mi-avril à la mi-mai, cette longue promenade offre l'occasion d'observer de nombreux migrateurs: le Balbuzard, les premières hirondelles de la saison, des canards barboteurs, divers canards plongeurs, le martin-pêcheur, le Héron vert parfois.

Le parc des Chutes de la Chaudière

Ce parc est situé sur les bords de la rivière Chaudière, à la hauteur de Charny, immédiatement au sud de l'échangeur à la sortie du pont Pierre-Laporte. On s'y rend par la voie de service qui longe l'autoroute 73 vers le sud (première sortie pour Charny). Le poste d'accueil est situé sur la rive est de la rivière, mais la partie la plus intéressante du site occupe la rive ouest, à laquelle on accède par une passerelle. Durant les périodes de migration, les bois et les espaces découverts en bordure de la rivière se peuplent de passereaux, dont la proximité de la rivière favorise les concentrations.

Normand David

7. Les battures de Montmagny

La partie du rivage attenante au quai de cette municipalité est une réserve où la chasse est interdite. Pour cette raison, plusieurs milliers d'Oies des neiges s'y rassemblent en toute sécurité, au printemps comme à l'automne. Le quai constitue l'un des meilleurs endroits de la région, sinon le meilleur, d'où observer à loisir ces oiseaux. Lorsqu'ils sont bien affamés, ils ne sont guère troublés de l'activité qui règne sur le quai et s'en approchent à quelques mètres seulement lorsque la marée est haute.

Au large s'étend l'île aux Grues. Peuplées d'oiseaux de rivage en période de migration, ses rives en sont le principal attrait.

Meilleures périodes — L'Oie des neiges est présente du début d'avril à la mi-mai et de la fin de septembre au début de novembre. La fin de mai, le début de juin et le mois d'août sont les meilleures périodes pour se rendre à l'île aux Grues.

Accès — Le quai est situé à l'extrémité est de la municipalité. On trouvera les indications en bordure de la route 132. Le traversier qui permet d'aller à l'île aux Grues fait la navette lorsque la marée est haute.

Au site — En plus de l'Oie des neiges, on pourra observer divers canards barboteurs ainsi que des oiseaux de rivage. Ces derniers se rassemblent surtout dans la baie attenante au quai, dont on

pourra explorer la rive est par des chemins secondaires (revenir à la route 132 et traverser le pont
vers l'est).

À proximité — L'île aux Grues est presque entièrement déboi-
sée. La route qui la parcourt longe la rive en divers endroits et donne accès à plusieurs points de
vue pour l'observation des limicoles. Le rivage qui
s'étend du quai à la pointe ouest, du côté sud de
l'île, est facile à explorer car un chemin le longe
sur une bonne partie de son étendue. Vers l'extrémité est de l'île, une section de la route principale
se termine en cul-de-sac face à la rive sud; il s'agit
également d'un site de rassemblement pour les oiseaux de rivage.

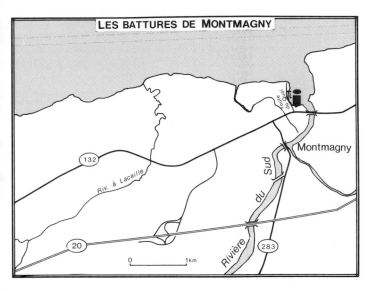

LES BATTURES DE MONTMAGNY

8. L'île d'Orléans

Il s'agit plus précisément de la batture de la pointe ouest (du côté nord) et des eaux qui la baignent. Celles-ci sont un site majeur de rassemblement pour les canards plongeurs, les grèbes et les huarts. Quant à la batture, on y voit au printemps plusieurs milliers d'Oies des neiges et de canards, parmi lesquels on découvre régulièrement le Canard siffleur d'Europe. Il s'agit également d'un bon endroit où chercher à voir un échassier inusité comme la Grande Aigrette ou l'Aigrette neigeuse.

À l'ouest du plan d'eau qui baigne la pointe de l'île, se trouve « la pointe de Maizerets », en partie incorporée aux terrains des Ports nationaux. Bien que beaucoup moins riche en oiseaux de rivage que par le passé, le site offre des points de vue sur le plan d'eau, où les canards sont souvent vus d'assez près. En automne, on a parfois la chance d'y observer le Pétrel cul-blanc.

Meilleures périodes — Le site est surtout propice à l'observation de la mi-avril à la fin de mai ainsi que durant tout l'automne.

Accès — La plupart des observations se feront depuis le petit stationnement aménagé à l'extrémité sud du pont qui conduit à l'île d'Orléans. On s'y rend en empruntant l'autoroute 440 (Dufferin-Montmorency) ou l'autoroute 40 vers l'est.

Au site — Lorsqu'on vient de Québec par l'autoroute 440, on remarque souvent les groupes de canards sur le fleuve. C'est au risque d'une contravention qu'on pourra les observer de l'accotement de la voie rapide! Il faudra plutôt se rendre sur le pont qui conduit à l'île d'Orléans et garer la voiture à son extrémité sud. Au printemps, outre les Oies des neiges, qui envahissent la batture dès que la marée se met à baisser, on verra entre autres de grands rassemblements de morillons, de garrots et de becs-scie. Les canards barboteurs sont également présents, dont le Canard siffleur d'Europe qui se montre annuellement depuis plusieurs années.

En automne, et surtout en octobre et en novembre, on aura l'occasion d'observer la plupart

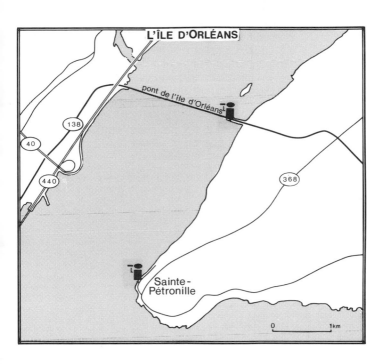

des espèces marines typiques de l'estuaire: le Huart à gorge rousse, les macreuses, l'Eider à duvet et le Canard kakawi.

Si on le désire, on pourra se rendre en outre à la pointe ouest de l'île d'Orléans, où l'on aura un autre point de vue du plan d'eau depuis la rue Horatio-Walker.

À proximité — La pointe de Maizerets est accessible par l'extrémité sud du boulevard Henri-Bourassa (suivre les indications pour les Ports nationaux) et celle de l'avenue d'Estimauville. Aux deux endroits on n'a qu'à se rendre au bord du fleuve. Aux périodes indiquées ci-dessus, on verra souvent les canards plongeurs de plus près qu'au pont de l'île d'Orléans. En octobre et en novembre, on y signale presque à chaque année le Pétrel cul-blanc, poussé sans doute vers l'intérieur des terres par les tempêtes d'automne qui balaient l'estuaire du fleuve. En fin d'été, des oiseaux de rivage fréquentent les rives de la partie du site accessible par le boulevard Henri-Bourassa; en hiver, le Harfang des neiges s'établit parfois dans les terrains vagues adjacents; ceux-ci constituent également un bon endroit où chercher à voir le Bruant lapon à l'époque de ses migrations.

7

_S_aguenay – Lac-Saint-Jean

Masse d'eau entourée de terres défrichées, cette région constitue une véritable enclave logée au coeur de la grande forêt de conifères des Hautes-Laurentides. Malgré cela, les oiseaux (comme les hommes d'ailleurs) franchissent aisément la frontière qu'on cherche à lui donner. En raison même de sa position au carrefour de paysages différents, le Saguenay–Lac-Saint-Jean accueille une variété d'oiseaux enviable: le milieu aquatique procure à la sauvagine, aux oiseaux de marais et aux limicoles leur juste part de terrains de nidification et de haltes migratoires; les terres défrichées sont fréquentées par les espèces qui ont besoin d'espaces découverts; la forêt toute proche est un réservoir inépuisable de passereaux parmi lesquels se glissent quelques espèces dites méridionales, qui trouvent dans cette région leurs stations les plus nordiques de la province.

À la saison favorable, l'observateur venu du Sud notera aisément que le Bruant vespéral et le Bruant de Lincoln se font passablement communs dans les jeunes friches. D'autres espèces encore plus typiques l'attendent également. C'est le cas du Râle jaune, l'une des espèces les plus difficiles à observer au Québec, mais qui se rend régulièrement à Saint-Fulgence. Ici et là autour du lac Saint-Jean niche la Mouette de Bonaparte; on la verra à Saint-Gédéon et sur les bords de la rivière Ticouapé. Autre espèce vraiment particulière, la Paruline à gorge grise a trouvé refuge dans les terrains sableux peuplés par le Pin gris qui s'étendent à l'ouest de Normandin et au nord-ouest de Saint-Félicien (voir la rivière Ticouapé).

On ne peut vraiment pas présenter cette région sans dire un mot du Harfang des neiges. Sa présence en hiver dans la région est probablement plus régulière qu'ailleurs dans le sud-ouest du Québec. Venu de la toundra arctique, le « hibou blanc » (de son nom populaire) vient s'établir chaque hiver dans les grands champs enneigés, aux abords mêmes des villes. On cherchera surtout à le voir dans le paysage agricole de la plaine d'Hébertville. Pour le découvrir, il s'agit de rouler à vitesse réduite dans les rangs et d'ouvrir l'oeil: on le verra perché sur le toit d'une grange, un poteau, un piquet ou un arbre.

Harfang des neiges

Gaétan Duquette

Les meilleurs sites d'observation

1. La batture de Saint-Fulgence

Chicoutimi

S'étendant au pied du village de Saint-Fulgence, cette petite section de la rive nord de la rivière Saguenay représente la halte migratoire la plus fréquentée de la région par la sauvagine, les oiseaux de marais et les limicoles. Elle est essentiellement constituée d'un marais entouré de prés humides dont les rivages se découvrent à marée basse. Comme les facilités d'observation y sont excellentes, la valeur de ce site n'en est que plus élevée. Habités par le Râle jaune en été, les prés humides sont en outre le seul endroit de la région où se rencontre le Bruant à queue aiguë. La variété ou l'unicité des espèces qu'on y trouve fait donc de ce site l'un des plus appréciés par les ornithologues.

Meilleures périodes

— C'est en période de migration que la variété des espèces est la plus grande. Au printemps, on assiste d'abord aux rassemblements de la sauvagine de la mi-avril à la mi-mai, puis au passage des limicoles qui s'étend surtout du 20 mai au 10 juin environ. La migration automnale s'étire sur une plus longue période: celle des limicoles bat son plein depuis la mi-août jusque tard en septembre (et même plus tard selon les espèces), tandis que celle de la sauvagine va jusqu'en novembre. En juin et en juillet, la variété est plus faible, mais c'est à cette période qu'il faudra chercher à voir le Râle jaune et le Bruant à queue aiguë.

Accès — La batture de Saint-Fulgence est située en bordure de la route 172, à 16 kilomètres à l'est de Chicoutimi-Nord. Si on vient de Tadoussac (le paysage vaut vraiment le coup d'oeil), la distance à parcourir est de 120 kilomètres environ.

Au site — Avant même d'arriver à Saint-Fulgence (si on vient de Chicoutimi), il vaut la peine de s'arrêter au pont qui enjambe la rivière Valin car on y verra entre autres l'Hirondelle à front blanc (c'est l'un des rares endroits de la région où on la trouve avec régularité).

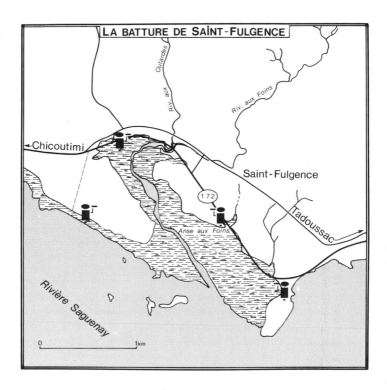

À Saint-Fulgence, c'est du bord de la route même qu'on peut observer les rassemblements d'oiseaux aquatiques. On verra les grands échassiers et les canards barboteurs dans le marais tandis que canards plongeurs, huarts et grèbes se tiennent vers les eaux plus profondes. Les attroupements les plus spectaculaires de la Bernache du Canada (jusqu'à 4000 parfois) ont surtout lieu du 20 au 30 avril. Assez souvent, vers la fin d'avril en particulier, on a la chance d'observer le Faucon pèlerin, habituellement perché sur un piquet. Bien que très rare, le Pygargue à tête blanche se montre régulièrement.

Plusieurs limicoles peuvent être observés de la route, mais on en verra davantage et de plus près en se rendant à pied jusqu'à la rive; il faut pour cela emprunter la piste qui traverse les champs situés du côté ouest du site. On fera bien également de jeter un coup d'oeil à la flèche de gravier qui s'avance dans la baie du côté est: c'est à cet endroit qu'on aura peut-être la chance de découvrir le Bécasseau violet en automne (jusqu'en novembre même).

Le Râle jaune et le Bruant à queue aiguë fréquentent les prés humides situés à proximité de la rivière aux Foins (au sud de la route). Les deux se repèrent facilement grâce à leur chant particulier, mais il faudra beaucoup de chance (ou de persévérance) pour simplement entrevoir le minuscule Râle jaune car il demeure habituellement tapi dans les herbes.

Le Bruant de Le Conte a été aperçu à quelques reprises (de la mi-juin à la fin de juillet) dans les champs qui s'étendent du côté ouest du site. Cette présence inusitée, de même que celle par exemple de la Grande Aigrette et de l'Oie rieuse, montrent que ce site mérite bien la réputation que les ornithologues lui accordent.

2. Le parc Kénogami

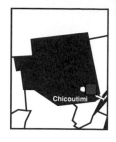

Chicoutimi

Que ce soit à la migration printanière ou en saison de nidification, ce site mérite d'être retenu pour l'observation des oiseaux forestiers.
Les abords de la route d'accès sont un bon endroit pour chercher à voir le Merle-bleu de l'Est.

Meilleure période

— Les mois de mai, juin et juillet constituent la période la plus favorable.

Accès

— On atteint le parc Kénogami en suivant vers l'est l'une ou l'autre de deux routes secondaires depuis Hébertville (suivre les indications qui annoncent le parc).

Au site

— Au printemps, il vaut la peine de jeter un coup d'oeil aux lacs et aux étangs en bordure des routes d'accès car on y verra à coup sûr une bonne variété d'oiseaux aquatiques.

Une fois engagé sur la route qui mène directement au parc, après un dernier virage à angle droit, on fera bien d'examiner attentivement les abords de la route: le Merle-bleu de l'Est occupe parfois l'un des nichoirs qu'on voit fixés aux piquets de clôture. De là jusqu'à l'entrée du parc, il vaut la peine de s'arrêter ici et là car les habitats varient.

Au parc même (à partir du poste à l'entrée), on n'a qu'à suivre à pied la route qui s'enfonce dans le parc. Une randonnée tôt en matinée permettra d'observer une variété impressionnante d'espèces. Presque tous les oiseaux forestiers nicheurs de la région s'y rencontrent. La Paruline à collier y est répandue, de même que le Moucherolle à côtés olive et le Tangara écarlate.

Merle-bleu de l'Est

Paul Perreault

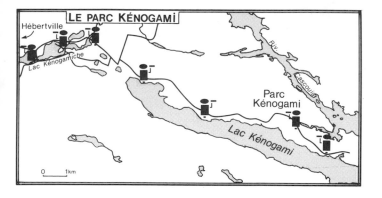

3. Le Petit Marais de Saint-Gédéon

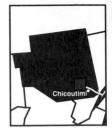

Grâce aux efforts de plusieurs naturalistes et d'autres personnes qui en ont reconnu la valeur exceptionnelle, ce site a maintenant une renommée qui dépasse les frontières de la région. Il s'agit à la fois d'un terrain de nidification et d'une halte migratoire pour une grande variété de canards et d'oiseaux de marais. Il est à souhaiter que les projets pour le mettre en valeur au profit du public (tour d'observation, sentier d'interprétation) se matérialiseront dans les plus brefs délais.

Meilleures périodes — Le marais se peuple d'oiseaux de la mi-avril jusqu'en novembre, mais le mois de mai demeure la période où la diversité des espèces est la plus élevée. Juillet est également une période particulièrement favorable car à ce moment-là les adultes s'affairent à l'élevage des jeunes et n'hésitent pas à sortir à découvert.

Accès — On se rend à Saint-Gédéon par la route 170. Après avoir emprunté le chemin de la Plage au milieu du village, on trouve un point d'observation au bord même de la partie sud du marais (on prévoit y construire une tour d'observation sous peu). À l'extrémité nord du village, on pourra observer la partie nord depuis le cimetière paroissial (la lumière est plus favorable en matinée).

Au site — La partie sud du marais, la plus vaste, est celle où se rassemblent la majorité des oiseaux. Dès la fin d'avril, les canards barboteurs sont de retour, mais c'est évidemment en mai qu'ils sont le plus nombreux (avec un peu de chance on pourra même voir le Canard branchu). En mai également, on verra divers canards plongeurs (y compris parfois le Morillon à tête rouge), de grands rassemblements d'hirondelles (Hirondelle bicolore et Hirondelle de rivage), de même que divers oi-

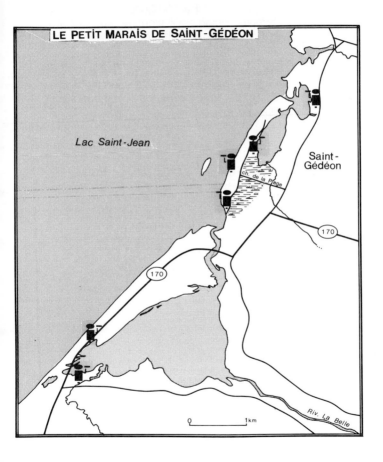

seaux aquatiques comme le Balbuzard pêcheur, le Phalarope de Wilson et la Foulque d'Amérique. Il va sans dire que ce milieu hautement fréquenté constitue une halte de choix pour les oiseaux inusités qui sont de passage, que ce soit le Canard siffleur d'Europe, la Poule-d'eau, la Grande Aigrette ou le Canard roux. Ce marais est également l'un des rares endroits facilement accessibles de la région où nichent la Guifette noire et le Canard chipeau. Si l'on est patient, on pourra voir le Râle de Caroline ou le Râle de Virginie se faufiler entre les herbes.

Avec la venue de l'automne, les canards barboteurs se font moins nombreux mais des canards plongeurs (macreuses, morillons, becs-scie) sont présents en octobre.

À proximité — À chaque printemps, du 25 avril au 5 mai environ, on peut assister au spectacle des nombreuses Bernaches du Canada (jusqu'à 5000) qui au crépuscule viennent se poser sur les eaux du lac Saint-Jean à la hauteur de l'extrémité sud du Petit Marais, juste au nord de l'embouchure de la Belle Rivière. C'est également à cet endroit qu'on verra à la fin d'août un rassemblement de Mouettes de Bonaparte.

En mai on pourra également faire des observations intéressantes à la partie sud-ouest d'un grand marais (élargissement de la Belle Rivière), visible depuis la route 170; il arrive souvent qu'on y voit des limicoles vers la fin du mois.

4. La baie des Ha! Ha!

Chicoutimi

Le fond de cette grande masse d'eau (découvert à marée basse) est visité régulièrement par divers oiseaux aquatiques (goélands et mouettes, limicoles, canards de toute sorte). On pourra les observer à loisir depuis les nombreux points de vue qu'offrent les routes qui serrent le rivage de près.

C'est en visitant à intervalles réguliers un site comme celui-ci que l'on finit par en connaître tous les secrets. Si certaines espèces sont suffisamment nombreuses pour être aperçues en tout temps ou presque, d'autres au contraire ne sont de passage que durant une période relativement courte. De nombreuses espèces inusitées pour la région ne sont observées qu'à cet endroit; c'est le cas par exemple du Canard arlequin, de l'Eider à duvet et des labbes. Les observations passées de la Mouette pygmée et de la Mouette rieuse (entre autres) montrent qu'on peut y découvrir un jour ou l'autre diverses espèces inattendues. En outre, les présences de passereaux inusités comme le Tyran de l'Ouest et le Solitaire de Townsend semblent indiquer que le fond de cette baie possède une géographie propre à attirer les visiteurs égarés.

Meilleures périodes — C'est aux périodes des migrations, c'est-à-dire en avril et en mai puis d'août jusque tard en automne, que l'on fera les observations les plus intéressantes. En raison de l'action de la marée, ne pas oublier que c'est lorsque celle-ci achève de monter et commence à descendre que les conditions d'observation sont généralement plus favorables.

Accès — On a accès à divers points de vue sur la baie en effectuant un trajet qui débute à cinq kilomètres à l'est de Grande-Baie, traverse la ville de La Baie et finit à l'anse à Benjamin. Il faut emprunter successivement les artères suivantes: le boulevard de la Grande Baie (route 170), les rues Bagot, Mars et Victoria, puis la route de l'Anse.

Au site — En longeant le côté sud de la baie en suivant la route 170 en direction de La Baie, on rencontre trois haltes routières qui constituent autant de points d'où scruter la baie pour y découvrir des canards plongeurs, y compris les macreuses, le Ca-

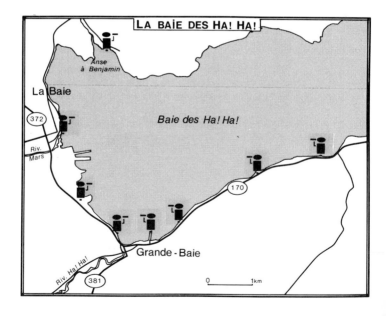

nard kakawi et le Grèbe jougris. On cherchera également à voir le Garrot de Barrow (au printemps) ainsi que le Canard arlequin et le Huart à gorge rousse (à l'automne). La deuxième halte est souvent plus riche.

À Grande-Baie, on empruntera la rue Saint-Pascal pour avoir accès à un vieux quai et on s'arrêtera au bord de la route 170 après avoir franchi la rivière Ha! Ha! En avril et en mai on cherchera à voir divers canards plongeurs, dont le Petit Garrot. De la mi-juillet jusqu'en septembre, c'est un endroit où s'arrêtent des limicoles, y compris le Courlis corlieu et la Barge hudsonienne.

Un peu plus loin, au sud des usines à papier, on apercevra diverses structures qui émergent de l'eau et sur lesquelles nichent quelques centaines de Goélands à bec cerclé. Le Cormoran à aigrettes est également présent en bon nombre à compter du milieu de l'été.

À La Baie, on se rendra au parc Mars d'où l'on pourra observer des rassemblements de goélands à l'embouchure de la rivière Mars, y compris le Goéland bourgmestre et le Goéland arctique tôt le printemps après la fonte des glaces. En août et en septembre, on y verra divers limicoles, y compris le Tournepierre à collier et le Bécasseau de Baird.

On se rendra enfin à l'anse à Benjamin où se rassemblent des canards barboteurs en avril et en mai.

5. Le parc de Val-Jalbert

Mettant en valeur un site historique en même temps qu'un terrain aux curiosités géologiques intéressantes, le parc de Val-Jalbert saura certainement combler les attentes de ceux qui s'intéressent à l'observation des oiseaux forestiers. Le décor magnifique séduira également les adeptes du camping, qui feront facilement du site une base de départ pour explorer la région.

Meilleure période
— La période qui va de la mi-mai à la mi-juillet est la plus favorable. On notera que le camping n'ouvre qu'en juin mais que les sentiers sont tout de même accessibles en tout temps.

Accès
— L'entrée du parc donne sur la route 169, à neuf kilomètres environ à l'est de Roberval. Outre les chemins qui longent la rivière Ouiatchouan, on aura intérêt à parcourir le sentier qui mène à la chute Ouiatchouan ainsi que celui qui conduit à la chute Maligne (dont le point de départ se trouve à l'extrémité nord du camping rustique).

Au site
— Tous les sentiers du parc permettent l'observation d'une variété impressionnante d'espèces forestières, dont le Grand Pic , le Tangara écarlate, le Cardinal à poitrine rose et la Chouette rayée. Le Pioui de l'Est s'observe régulièrement tandis que la Grive des bois est vraiment peu fréquente. La variété des parulines est remarquable: près d'une vingtaine d'espèces fréquentent le site.

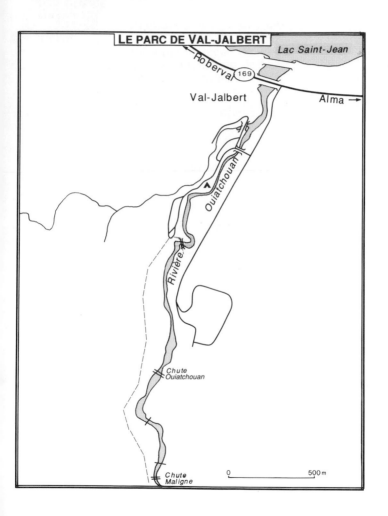

LE PARC DE VAL-JALBERT

Lac Saint-Jean

Roberval

169

Val-Jalbert

Alma →

Rivière Ouiatchouan

Chute
Ouiatchouan

0   500 m

Chute
Maligne

Le Saguenay – Lac-Saint-Jean

6. La rivière Ticouapé

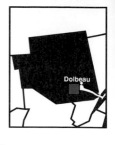

Dolbeau

Au sud de Saint-Méthode, les méandres de la rivière Ti-couapé constituent un bon endroit où observer des oi-seaux de rivage en migration ainsi que divers oiseaux aquatiques.

À proximité, on pourra également chercher à voir la Paruline à gorge grise et le Bruant de Le Conte, deux espèces qu'on ne semble voir avec régulari-té au Québec qu'en Abitibi et dans la région im-médiate de Saint-Méthode.

Meilleures périodes — Bien que canards et divers oiseaux aquatiques soient présents de la fin d'avril à la fin de sep-tembre, le mois de mai reste la meilleure période pour faire les observations les plus intéressantes. Quant aux oiseaux de rivage, qu'on verra sur les rives boueuses, ils sont surtout présents du 20 mai au 10 juin environ ainsi qu'au cours du mois d'août. Enfin, c'est en juin et en juillet qu'on aura le plus de chances de découvrir à proximité la Pa-ruline à gorge grise et le Bruant de Le Conte.

Accès — La rivière Ticouapé se jette dans le lac Saint-Jean à quelques kilomètres au nord-est de Saint-Félicien. C'est depuis les routes qui longent la rivière du côté sud qu'on observera les oiseaux : d'abord la route 169 immédiatement au sud de Saint-Méthode et une route secondaire qui longe la rivière jusqu'à son embouchure. L'ornithologue adepte du canotage trouvera facilement un endroit où mettre une embarcation à l'eau, ce qui lui per-mettra d'avoir accès à certaines portions maréca-geuses de la rivière.

Au site — En parcourant la route qui longe la rivière du côté sud on découvrira plusieurs points de vue. À peu de distance de Saint-Méthode, un élargissement du cours d'eau rend ses rives particulièrement attrayantes pour les oiseaux de rivage. Ailleurs, on verra des rassemblements de canards. La Mouette de Bonaparte patrouille assez régulièrement cette portion de la rivière. Avec un peu de chance, on y découvrira peut-être la Foulque d'Amérique.

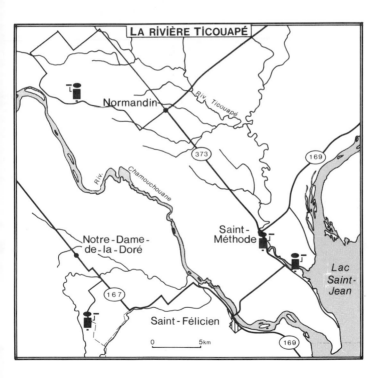

LA RIVIÈRE TICOUAPÉ

— À environ trois kilomètres à l'est de Saint-Méthode, une route secondaire venant du sud coupe la route 169. C'est dans les champs en friche qui bordent cette route secondaire que le Bruant de Le Conte a été découvert ces dernières années.

La Paruline à gorge grise, qui fréquente les formations de Pins gris, est également une espèce qui au lac Saint-Jean se trouve à la limite est de son aire. Sa présence n'est donc pas nécessairement régulière, mais son chant très reconnaissable la rend facile à découvrir; c'est un tchiputi-tchiputi-tchiputi puissant, sonore et mélodieux. Ces dernières années, on l'a découverte au nord-ouest de Normandin et au sud de Notre-Dame-de-la-Doré. Au premier endroit, il faut la chercher le long d'un chemin qui serpente au nord-ouest de Normandin (et rejoint Saint-Thomas-Didyme après avoir contourné des bleuetières). À environ quatre kilomètres au sud de Notre-Dame-de-la-Doré, depuis la route 167, il faudra emprunter une route étroite de gravier et s'enfoncer vers le sud-ouest après deux virages à angle droit (à gauche puis à droite). Cette piste traverse des formations de Pins gris (où la Paruline à gorge grise s'établit) et longe aussi des tourbières où l'on trouvera la Paruline à couronne rousse.

8

*C*ôte-Nord

De Tadoussac à Blanc-Sablon, la Côte-Nord c'est en quelque sorte un chapelet de villages qui s'étire sur plus de 1000 kilomètres de côtes tantôt rocheuses, tantôt sablonneuses. Chaque quai, chaque promontoire offre un point de vue sur les eaux du Saint-Laurent, où les trois macreuses, le Huart à gorge rousse, le Canard kakawi et le Garrot de Barrow (ce dernier en hiver principalement) comptent parmi les espèces typiques observées régulièrement. Omniprésente, la forêt largement coniférienne abrite une avifaune nettement boréale. C'est en outre la région où l'on rencontre le Pygargue à tête blanche avec le plus de régularité; il niche en bon nombre à Anticosti (et sans doute dans l'arrière-pays également) et se voit souvent sur la côte, de Tadoussac à Sept-Iles; on l'observe régulièrement en hiver au pied du barrage Manic Deux, près de Baie-Comeau. Le Macareux moine constitue un autre attrait ornithologique; l'oiseau niche en divers endroits de la partie est de la région, des îles Mingan à Blanc-Sablon; pour être assuré de l'observer, il faudra cependant monter à bord d'un bateau qui croise dans les eaux qu'il fréquente. La région recèle aussi des sites où l'on voit régulièrement de la terre ferme le Labbe parasite et le Labbe à longue queue.

Tandis que la partie ouest de la région est accessible par route (jusqu'à Havre-Saint-Pierre à l'est), c'est à bord du navire caboteur qui relie Rimouski à Blanc-Sablon (via Sept-Iles et Havre-Saint-Pierre) qu'il faudra visiter la partie est. L'occasion est alors donnée d'observer en bon nombre des oiseaux de mer (Puffin majeur, Puffin fuligineux,

Puffin des Anglais, Pétrel océanite et Pétrel cul-blanc entre autres) et de se rendre à Blanc-Sablon, un avant-poste de la toundra où le Bruant à couronne blanche, le Bruant hudsonien et le Sizerin flammé comptent parmi les passereaux nicheurs les plus répandus.

Huart à gorge rousse

Yves Aubry

Yves Aubry

Paruline à calotte noire

Paruline tigrée

Michel Sokolyk

1. *Bergeronnes*

Largement typique de la région, ce petit village bénéficie d'aménagements qui facilitent les activités reliées à l'observation de la faune. En effet, les points de vue qu'on a sur le fleuve valent pour l'observation des baleines comme pour celle des oiseaux aquatiques. Le cadre enchanteur de la baie de Bon-Désir ajoutera facilement au plaisir d'observer la Bernache cravant et l'Eider à duvet, dans l'attente d'une découverte comme celle du Pygargue à tête blanche ou de l'Eider à tête grise, qui tous deux visitent régulièrement le site.

Meilleures périodes — On fera des observations intéressantes à tout moment de l'année.

Accès — Bergeronnes est situé à une vingtaine de kilomètres à l'est de Tadoussac. Les points d'observation sont situés au parc attenant à la pointe à John, au parc Bon-Désir et à la halte côtière du cap Bon-Désir.

Au site — À l'entrée ouest du village, la route 138 franchit la rivière des Grandes Bergeronnes; on peut garer sa voiture juste avant le pont. Au printemps, des canards barboteurs fréquentent les eaux de la rivière; en août et en septembre principalement, ses rives marécageuses accueillent des oiseaux de rivage.

Pour se rendre au parc attenant à la pointe à John, il faut prendre à gauche la voie d'accès (entre la rivière et le viaduc), passer derrière l'église et suivre ensuite la rue de la Mer jusqu'au parc.

Celui-ci couvre le sommet d'un talus qui constitue un point de vue remarquable pour l'observation des baleines et des oiseaux marins. La batture en contrebas est un lieu de rassemblement pour les oiseaux de rivage en automne et pour une population hivernante du Canard noir. En hiver également, on aura l'occasion d'observer le Guillemot à miroir, le Garrot à oeil d'or, le Garrot de Barrow et peut-être même le Faucon gerfaut ainsi que le Pygargue à tête blanche.

Le parc Bon-Désir est situé à environ trois kilomètres à l'est du village. L'un des chemins du parc offre un point de vue unique sur la baie de Bon-Désir. Dès le mois d'avril, la Bernache cravant l'envahit en grand nombre, suivie par l'Eider à duvet; parmi les mâles de ce dernier, on cherchera à découvrir celui de l'Eider à tête grise (deux ou

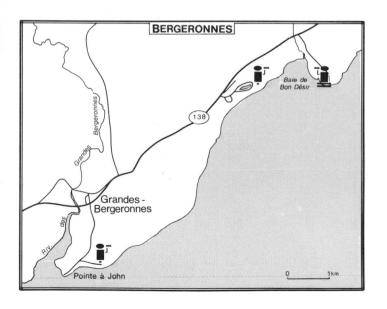

trois sont présents jusqu'au début de juin). Divers canards barboteurs, des macreuses et d'autres canards plongeurs fréquentent également la baie. Au large, le Fou de Bassan est présent en bon nombre jusque vers la mi-mai. À compter de la fin de l'été, c'est-à-dire d'août à octobre, la baie est visitée à l'occasion par le Labbe parasite, souvent à la poursuite d'une Mouette tridactyle. Quant au Pygargue à tête blanche, en toute saison il se montre à l'observateur chanceux ou patient.

L'un des attraits de la halte côtière du cap Bon-Désir est un kiosque d'observation construit directement sur le bord du fleuve. Au bout du chemin qui y conduit (fermé en hiver), clairement indiqué par un panneau à environ deux kilomètres à l'est du parc, il faudra emprunter un sentier à travers la forêt pour parvenir au kiosque. Tous les oiseaux marins qui fréquentent les environs peuvent y être observés, mais ici on les voit surtout passer en vol à quelques mètres seulement de soi.

Bécasseau à croupion blanc

Gaétan Duquette

2. Les Escoumins

Cette localité est le point d'arrivée de la traverse de Trois-Pistoles, dont les attraits ornithologiques sont décrits dans le chapitre consacré à la région du Bas-Saint-Laurent. En fin d'été particulièrement, la baie devant laquelle le village est construit est un lieu de rassemblement réputé de la Mouette de Bonaparte et de la Mouette tridactyle, avec lesquelles on observe régulièrement la Mouette pygmée et, parfois, la Mouette rieuse. Des oiseaux de rivage fréquentent également les rives découvertes à marée basse.

3. Le marais de Saint-Paul-du-Nord

Sept-Îles

Les marais qui bordent la baie de Mille-Vaches ne sont pas sans rappeler ceux du Bas-Saint-Laurent. En plus d'être un bon terrain de chasse pour le Faucon émerillon et l'un des rares sites de nidification du Bruant à queue aiguë dans la région, ils accueillent sauvagine, oiseaux de marais et oiseaux de rivage en bon nombre. Les bonnes conditions d'observation dont on y jouit en font donc une destination de choix.

Meilleure période — La période qui va du mois d'avril au mois de septembre est la plus favorable.

Accès — Les marais sont situés à l'est de Saint-Paul-du-Nord, au sud de la route 138.

Au site — En avril et en mai, les grands marais qui s'étendent de part et d'autre de la rivière à la Truite se peuplent de Bernaches du Canada, d'Oies des neiges (jusqu'à 4000 à la mi-mai) et de canards barboteurs en migration. Le Canard noir y niche en bon nombre et le Faucon émerillon les patrouille régulièrement.

Un peu plus loin vers l'est, on trouvera le chemin Boivert, parallèle à la route 138. À 1,4 kilomètre à l'est de l'embranchement, une piste s'avance dans la zone de marais parsemée d'étangs de la pointe à Boisvert. À compter de la mi-juin, le Bruant à queue aiguë fréquente les abords mêmes de la piste, surtout là où il y a des buissons. Les étangs abritent divers canards et, à l'occasion, des oiseaux de marais comme le Râle de Virginie, le Râle de Caroline, la Poule-d'eau ou le Grèbe à bec bigarré.

À proximité — À environ six kilomètres au sud de Saint-Paul-du-Nord, la route 138 longe de près le rivage de la baie des Bacon. Il vaut toujours la peine d'y jeter un coup d'oeil. On y rencontre régulièrement des oiseaux de rivage à l'époque des migrations, en plus de canards et de hérons.

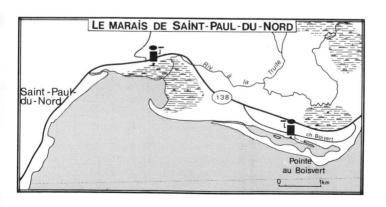

4. La barre de Portneuf

Sept-Îles

De tous les sites de la région où des oiseaux de rivage s'assemblent en période de migration, cette barre sableuse longue de quatre kilomètres est à la fois le plus riche et le plus accessible. À la migration automnale, on y a déjà observé plus de 15 000 oiseaux le même jour. Cet endroit est en outre l'un des rares points de la terre ferme où le Labbe parasite se laisse observer assez régulièrement.

Meilleure période

— La période qui va de la fin de juillet à la fin de septembre est la plus favorable.

Accès

— Vers l'extrémité nord du village de Sainte-Anne-de-Portneuf, en face du 368 de la rue Principale (route 138), on trouvera deux vieux édifices (dont un ancien poste d'essence), derrière lesquels un chemin qu'empruntent les véhicules tout-terrain conduit à l'extrémité nord de la barre; on peut y accéder à pied sec, sauf au moment où la marée haute atteint son plus haut niveau.

Au moment de mettre sous presse, on nous apprend que la municipalité envisage de construire un parking et un passage pour faciliter l'accès au site; ces aménagements seraient construits entre les numéros 363 et 365.

Au site

— Si on projette de parcourir la barre d'un bout à l'autre, il faudra compter au moins une matinée complète. À ce moment-là, la lumière ne sera pas vraiment défavorable, à l'aller comme au retour. Il

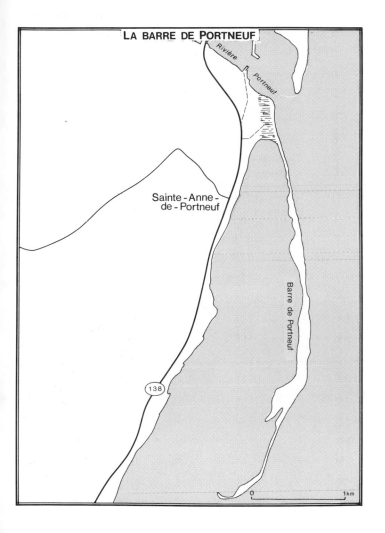

LA BARRE DE PORTNEUF

Rivière Portneuf

Sainte - Anne -
de - Portneuf

Barre de Portneuf

138

0   1 km

faut prendre note que les oiseaux de rivage qui fréquentent ce site sont plus faciles à observer lorsque la marée monte. À ce moment-là, ils sont surtout concentrés sur le rivage intérieur de la barre; ils se réfugient au sommet de celle-ci pour dormir lorsque la marée finit de monter. En marchant lentement et en faisant des pauses régulières, il est facile de s'en approcher considérablement.

On rencontrera plusieurs espèces de limicoles, y compris la Barge hudsonienne et le Courlis corlieu, mais le Bécasseau semipalmé, le Pluvier argenté et le Pluvier semipalmé sont de loin les plus abondants. En plus des limicoles, la Mouette tridactyle fréquente les eaux proches de la barre par centaines. Il semble également que le Labbe parasite visite régulièrement le site pour donner la chasse aux mouettes et aux bécasseaux, se laissant observer alors dans des conditions idéales. Il arrive même qu'on le voie au repos sur la barre. En fait, cet endroit est probablement l'un des rares où l'on puisse observer cette espèce de la terre ferme.

Mouette tridactyle

Paul Perreault

Bécasseau semipalmé

Bécasseau roux

Paul Perreault

5. La péninsule de Manicouagan

Sept-Îles

Largement couverte de forêts de conifères et de tourbières, cette vaste péninsule compte diverses destinations. Du côté de Pointe-Lebel, la baie Henri-Grenier et la plage qui s'étend à l'est de la pointe Paradis sont principalement fréquentées par les oiseaux de rivage. On notera que les forêts environnantes sont habitées entre autres par la Nyctale boréale. Du côté de la pointe aux Outardes, on trouvera un immense marais que surplombe une tour d'observation. Cette pointe porte bien son nom puisque plusieurs milliers de bernaches s'y arrêtent chaque printemps. Depuis quelques années, plusieurs centaines d'Oies des neiges choisissent également ce site comme halte printanière. Les eaux qui baignent la pointe, enfin, sont fréquentées par de nombreux canards plongeurs.

Meilleure période — La période qui va de la mi-avril à la fin de septembre est la plus favorable.

Accès — La route qui conduit à la pointe aux Outardes coupe la route 138 à environ trois kilomètres au nord de Chute-aux-Outardes. Celle qui conduit à Pointe-Lebel coupe la route 138 à environ quatre kilomètres plus loin à l'est.

Au site — La baie Henri-Grenier s'étend sur la rive nord de la péninsule, juste à l'ouest de Pointe-Lebel. On y accède facilement par un terrain vacant qui borde la route du côté nord. À compter de la mi-avril, des canards barboteurs et des bernaches se réunissent dans les eaux qui bordent le marais. La présence d'espèces inusitées comme le Canard siffleur d'Europe et l'Oie rieuse témoigne de la valeur du site. Plus tard en mai, divers oiseaux de rivage viennent également se nourrir sur les bords de cette baie marécageuse.

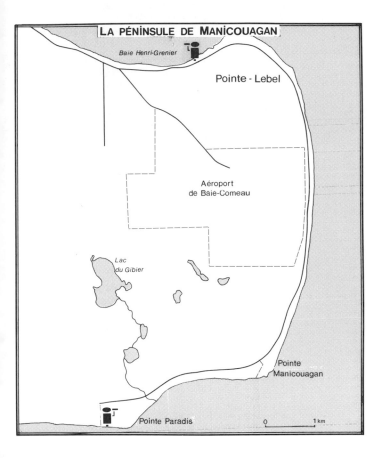

LA PÉNINSULE DE MANICOUAGAN

Baie Henri-Grenier

Pointe - Lebel

Aéroport
de Baie-Comeau

Lac
du Gibier

Pointe
Manicouagan

Pointe Paradis

0   1 km

Du côté sud de la péninsule, le rivage qui s'étend de la pointe Paradis à la pointe Manicouagan reçoit la visite d'oiseaux de rivage lors de la migration d'automne (en août et en septembre principalement). Pour y avoir accès, il faut se rendre à l'extrémité ouest de la route de Pointe-Lebel et emprunter le chemin qui descend vers le fleuve; une barrière faite de gros tuyaux peints en jaune en marque l'entrée. On peut également parcourir ce site à partir de la pointe Manicouagan; pour cela, il faut emprunter le petit sentier d'accès caché entre deux chalets, juste à côté de celui qui porte le numéro civique 1315. Cette section du rivage est l'un des meilleurs sites de la région pour le Courlis corlieu; ces dernières années, on a rapporté au début d'août la présence annuelle du Labbe à longue queue à proximité du rivage.

Avec les forêts des îles de la Madeleine, celles qui s'étendent à proximité de Pointe-Lebel sont parmi les rares de la province où l'on peut espérer trouver la Nyctale boréale, à condition d'y consentir les efforts voulus. Tôt au printemps, à partir de l'heure du crépuscule, il faudra chercher à repérer un oiseau chanteur.

La route tracée vers l'extrémité ouest de la péninsule Manicouagan conduit à la pointe aux Outardes. Après un petit cimetière, situé du côté nord de la route, on trouvera un chemin de gravier qui conduit à un terrain de stationnement et à un pavillon (premiers aménagements d'un futur parc régional). Le pavillon et la route principale offrent autant de points de vue sur les eaux qui baignent la pointe. Dès la mi-avril, elles se peuplent de canards plongeurs variés, y compris l'Eider à duvet et les macreuses. On y voit aussi des Bernaches cravants, dont quelques-unes s'attardent jusqu'au début de juin.

Pour se rendre à la tour d'observation qui surplombe le marais du côté nord de la pointe, on peut longer le rivage vers l'est ou encore prendre, à environ 400 mètres à l'est du stationnement, le sentier qui traverse la forêt. S'étendant sur quelques kilomètres vers le nord-est, le marais accueille en mai de nombreux canards barboteurs; la Bernache du Canada et l'Oie des neiges fréquentent ses rives et les eaux proches. Le Faucon pèlerin visite régulièrement le site, au printemps comme à l'automne. On y voit aussi des Grands Hérons, lesquels nichent avec des Cormorans à aigrettes sur des îles situées à l'ouest de la pointe (en face de Ragueneau).

Durant les dernières semaines de mai ainsi que de la mi-août à la fin de septembre, les abords de la pointe constituent un bon endroit pour l'observation des passereaux en migration. À l'automne, les rapaces diurnes en migration sont particulièrement nombreux.

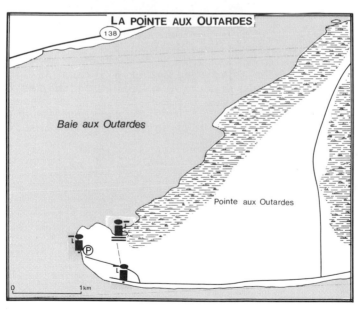

6. *Baie-Comeau*

Baie-Comeau et Godbout sont les points d'arrivée de la traverse qui relie Matane à cette section de la Côte-Nord (voir le chapitre consacré à la Gaspésie pour les possibilités ornithologiques de cette traverse). Aux deux localités, le quai ainsi que les rues en bordure du rivage sont d'excellents points de vue pour l'observation des oiseaux marins. Particulièrement dignes de mention à Baie-Comeau, le Garrot de Barrow et le Pygargue à tête blanche sont présents en hiver. Le premier fréquente la baie en nombre variable (jusqu'à plusieurs centaines); on l'observe depuis le quai ainsi que depuis le rivage plus au sud, accessible par un chemin situé à l'extrémité de la rue Laval. Quant au Pygargue à tête blanche, quelques individus hivernent de novembre à mars au barrage Manic Deux, situé en bordure de la route 389, à une vingtaine de kilomètres de la route 138. C'est depuis le pont que la route franchit au pied du barrage qu'il faudra chercher à voir les oiseaux; ceux-ci se perchent régulièrement dans les grands bouleaux morts qui se dressent sur la rive gauche en aval du pont.

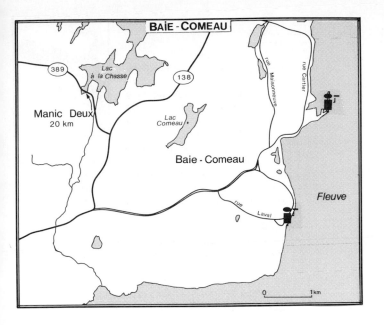

7. La pointe des Monts

Sans doute à cause de son éloignement des grands centres, ce site n'a pas reçu jusqu'à maintenant toute l'attention qu'il mérite. Et pourtant son potentiel ornithologique est très élevé, surtout en raison de sa configuration géographique. Il s'agit en effet de la pointe d'une immense avancée de la côte dans l'estuaire. C'est donc un point de vue unique pour l'observation des oiseaux marins typiques de l'estuaire. Par ailleurs, les espaces découverts qu'on y trouve favorisent l'observation des passereaux en migration, eux aussi concentrés à cet endroit en raison de la géographie du site. Durant la période estivale, la vocation touristique du vieux phare de la pointe ajoute aux agréments d'une visite.

Meilleure période — La période qui va du mois d'avril au mois de décembre est la plus favorable.

Accès — La route qui conduit à la pointe des Monts coupe la route 138 à une trentaine de kilomètres à l'est de Godbout.

Au site — Entre l'endroit où la route d'accès donne sur le fleuve et le vieux phare (moins de deux kilomètres vers l'est), il y a divers points de vue d'où l'on peut observer les oiseaux marins. Au printemps, on assiste à un va-et-vient continuel de canards plongeurs: macreuses, garrots, eiders, kakawis et becs-scie, avec lesquels on verra également le Huart à gorge rousse. Au large, la blancheur éclatante des Fous de Bassan et le vol fluide des Mouettes tridactyles attirent facilement l'attention. En mai, et notamment vers la fin du mois, à l'occasion de conditions météorologiques favorables (des vents d'est forts surtout), on aura peut-être la chance d'observer le Labbe parasite, la Sterne arctique ou même encore le Fulmar boréal; tous ces oiseaux sont présents dans les eaux proches car on les observe depuis le traversier qui fait la navette entre Godbout et Matane. C'est à cette époque également que la migration des passereaux bat son plein.

En août et en septembre, tandis que les passereaux peuplent à nouveau les buissons et les lisières, les eaux agitées du large cachent des huarts et des macreuses. Avec la venue de l'automne, les coups de vent d'est favorisent la dispersion d'oiseaux comme la Marmette de Troïl et le Petit Pingouin, sans compter les labbes ou encore un oiseau de haute mer comme le Puffin majeur. À la fin de l'automne, il faudra avoir à l'esprit la possibilité d'observer le Mergule nain ou la Marmette de Brunnich.

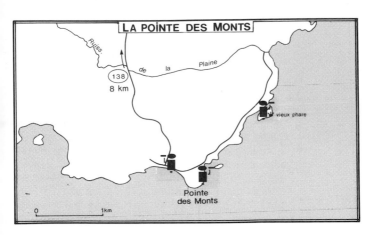

LA POINTE DES MONTS

Russ

de la Plaine

138
8 km

vieux phare

Pointe
des Monts

0   1km

8. La baie des Sept Îles

La baie immense qui baigne la ville de Sept-Iles recèle divers points de vue d'où l'on pourra observer oiseaux de marais, oiseaux de rivage et canards du printemps à l'automne (la baie est couverte de glaces durant l'hiver). Durant la saison estivale, il y a possibilité de faire une croisière autour des îles qui masquent l'entrée de la baie; sur l'une d'elles, l'île du Corossol, divers oiseaux marins ont établi des colonies, entre autres la Mouette tridactyle, le Petit Pingouin et la Marmette de Troïl.

Meilleure période
— La période qui va de la mi-avril à la fin d'octobre est la plus favorable.

Accès
— Deux points de vue sont situés en bordure de la route 138, du côté ouest de la ville, tandis que le troisième, la pointe du Poste, est situé à l'extrémité de la rue De Quen. Pour obtenir les renseignements concernant la croisière des îles, on se rendra au kiosque d'information du Vieux Quai, en bordure de la rue Arnaud.

Au site
— À une dizaine de kilomètres de l'entrée ouest de la ville, on trouvera le parc de la rivière des Rapides. Juste à l'ouest de la rivière, du côté nord de la route 138, on pourra observer à loisir le Balbuzard; en effet, un nid d'abord construit sur un pylône d'Hydro-Québec, puis déplacé de main d'homme sur un poteau planté à cet effet, est occupé année après année par un couple d'oiseaux.

Le parc se trouve juste à l'est de la rivière des Rapides, du côté sud de la route. On observera les oiseaux à partir du sentier aménagé qui longe le rivage d'une pointe, avant de ramener le visiteur au point de départ à travers une forêt de conifères. Il y a une tour d'observation érigée à mi-par-

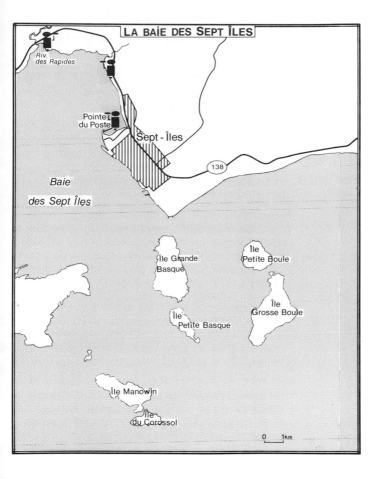

cours. Au printemps, on verra divers canards barboteurs à l'embouchure de la rivière; des Bernaches du Canada (jusqu'à 500) se tiennent vers l'ouest tandis que des canards plongeurs, incluant le Petit Garrot et le Garrot de Barrow, occupent diverses portions du plan d'eau. À quelque distance après la tour d'observation, le sentier passe à proximité d'un affleurement rocheux qui donne un point de vue sur une grande batture qui s'étend vers l'est. En plus d'être un site de rassemblement pour les oiseaux de rivage au printemps comme en fin d'été, cette batture est le terrain de chasse du Hibou des marais, le lieu de pêche du Grand Héron et l'aire de repos de plusieurs canards barboteurs.

On trouvera le deuxième site d'observation à environ six kilomètres plus à l'est. Il s'agit de la station de pompage n° 5, dont l'entrée est marquée par une barrière orange (habituellement toujours ouverte). Elle donne sur une batture marécageuse, semblable à celle qui se trouve au site précédent.

Pour se rendre à la pointe du Poste, on prendra, à partir du boulevard Laure (route 138), le boulevard des Montagnais vers le sud et la rue De Quen vers l'ouest. Au printemps, dès que la baie devient libre de glaces, les eaux qui baignent la pointe se peuplent de canards plongeurs d'espèces diverses, y compris le Garrot de Barrow. Lors de leur migration automnale, des oiseaux de rivage fréquentent les rives de la pointe; le Pluvier argenté, le Pluvier semipalmé, le Bécasseau variable, le Bécasseau à croupion blanc et le Bécasseau sanderling, entre autres, y sont présents à chaque année.

En saison estivale, le passage à proximité de l'île Corossol est le clou de la croisière dans les îles de la baie. On aura alors l'occasion d'observer la Mouette tridactyle et le Petit Pingouin, deux des oiseaux nicheurs les plus dignes de mention. L'île est également le site de nidification de plusieurs centaines de Pétrels cul-blanc. Cet oiseau se nourrit en mer et ne revient au nid que de nuit. On aura peut-être l'occasion de l'observer si le bateau fréquente les parages de l'île à l'approche du crépuscule.

Bernache cravant

Jean Lapointe

9. La Minganie

En plus de fournir l'occasion d'admirer les nombreuses formations géologiques uniques d'un parc national, les îles de Mingan constituent également une destination ornithologique digne d'intérêt. Le Macareux moine, l'emblème du parc, y occupe l'une des rares colonies du golfe du Saint-Laurent qui soit relativement accessible. Par ailleurs, à cette latitude élevée, l'avifaune forestière comporte des éléments typiques comme la Paruline à calotte noire, le Bruant de Lincoln et la Grive à joues grises. Au cours du mois d'août enfin, les rivages des îles accueillent des oiseaux de rivage en nombre impressionnant.

*Meilleures
périodes* — La dernière moitié de juin est la période la plus intéressante du point de vue de l'observation des oiseaux; l'affluence moins forte de touristes à cette époque facilitera d'autant l'hébergement. Durant le reste de la belle saison, les oiseaux typiques de cette contrée seront peut-être plus difficiles à découvrir, mais la contrée demeure tout aussi fascinante à explorer.

Accès — Les îles de Mingan, qui s'étendent sur près de 150 kilomètres de part et d'autre de Havre-Saint-Pierre, sont situées à environ 200 kilomètres à l'est de Sept-Iles, à l'extrémité de la route 138. Il n'est pas possible de camper dans les îles (à moins de faire du camping sauvage avec l'autorisation des autorités du parc). Pour visiter les îles, il faudra avoir recours aux services des bateliers de Longue-Pointe, de Mingan ou de Havre-Saint-Pierre. Ceux qui sont accrédités officiellement par

Parcs Canada offrent les meilleures garanties de sécurité et ont leur port d'attache à Mingan et à Havre-Saint-Pierre. Il est probablement préférable de n'avoir recours aux autres bateliers que lorsque les conditions météorologiques sont vraiment bonnes.

Au site — Pour beaucoup d'ornithologues, la possibilité d'observer le Macareux moine sera l'une des raisons principales de se rendre aux îles de Mingan. Comme l'oiseau niche à l'extrémité ouest de l'archipel, à l'île aux Perroquets, il sera plus commode de recourir à un batelier de Longue-Pointe ou de Mingan, les deux localités les plus proches. Par bon temps, quelques dizaines de macareux se laissent facilement observer, perchés sur leur île basse ou à la nage dans les eaux proches.

Il serait sage de s'informer au kiosque d'accueil du parc (situé à Havre-Saint-Pierre) de l'emplacement des colonies d'oiseaux marins car, au fil des ans, celles-ci se déplacent d'une île à l'autre et leurs nombres fluctuent. De cette façon, on pourra choisir adéquatement parmi les excursions en mer proposées par les bateliers. En août, certains oiseaux de rivage comme le Bécasseau maubèche et le Courlis corlieu se rencontrent sur les rives des îles en nombre élevé; l'île Niapiscau est l'une des plus fréquentées.

À Havre-Saint-Pierre, les routes qui s'enfoncent vers le nord et vers l'est permettent d'explorer les forêts qui couvrent cette partie de la Côte-Nord. La taille réduite des arbres témoigne des rigueurs du climat. Parmi les espèces les plus remarquables, on rencontrera entre autres la Paruline à calotte noire, la Paruline rayée, la Mésange à tête brune, le Bruant fauve, le Bruant de Lincoln et la Grive à joues grises.

La Basse Côte-Nord

Visiter la Basse Côte-Nord, c'est d'abord et avant tout faire une croisière à bord du navire qui ravitaille la dizaine de villages répartis de Havre-Saint-Pierre à Blanc-Sablon. Lorsque les conditions météorologiques sont bonnes, l'expérience est extraordinaire. Cette destination, qui permet d'observer plus d'oiseaux de haute mer que toute autre dans le sud du Québec, fournit en outre l'occasion d'admirer des paysages uniques.

Meilleure période

— La période qui va de la mi-juillet à la fin d'août est la plus favorable.

Accès

— Le navire qui ravitaille la Basse Côte-Nord en faisant la navette entre Rimouski et Blanc-Sablon (via Sept-Iles et Havre-Saint-Pierre) est administré par la compagnie Relais Nordik (à Rimouski: (418) 723-8787). Il faudra à tout prix faire les réservations nécessaires longtemps à l'avance, c'est-à-dire vers le mois de mars pour une croisière durant l'été qui suit. Une quarantaine de cabines sont à la disposition des voyageurs.

La solution la plus économique consiste à faire l'aller-retour jusqu'à Blanc-Sablon à partir de Havre-Saint-Pierre. Il est possible de faire transporter son véhicule à bord si on désire descendre à Blanc-Sablon pour ensuite traverser à Terre-Neuve (et revenir au Québec via la Nouvelle-Écosse). Dans la semaine qui précède l'embarquement, il est toujours bien avisé de vérifier à nouveau l'heure du départ du navire car les déplacements de ce dernier sont parfois retardés par les conditions météorologiques ou par l'importance de ses livraisons.

Au site — En longeant la côte, le navire passe au large de nombreuses colonies d'oiseaux de mer. En certains points du trajet, on aura donc l'occasion d'observer le Petit Pingouin, le Macareux moine et la Marmette de Troïl qui vont en mer pour se nourrir. En d'autres endroits, le navire passe à faible distance d'îles où nichent la Sterne pierregarin et la Sterne arctique, qu'on pourra alors apprendre à distinguer par des différences subtiles de coloration et de profil à force de les revoir voler ensemble. Toutes les eaux du large que traverse le navire sont fréquentées par des oiseaux de haute mer. Le Pétrel cul-blanc, qui a des colonies en divers points de la côte, se rencontre avec le Pétrel océanite, lequel niche près de l'Antarctique et vient hiverner chez nous durant notre été. On pourra voir aussi le Puffin fuligineux, le Puffin majeur et le Puffin des Anglais. On verra ces oiseaux en plus grande abondance aux approches de Blanc-Sablon, à condition toutefois que le navire y accoste de jour.

Au cours des escales, on a l'occasion de descendre à terre. Dans la plupart des cas, il s'agit de petites agglomérations de pêcheurs installées dans le décor insolite fait de collines de roc dépourvues de végétation; la « terre de Caïn », comme l'ont décrite les premiers explorateurs. À Blanc-Sablon, on pourra décider de séjourner quelque temps. En empruntant les routes qui s'éloignent du village, on aura l'occasion d'observer des oiseaux nicheurs comme le Bruant à couronne blanche et le Bruant hudsonien. On pourra aussi requérir les services d'un pêcheur pour aller en mer observer les oiseaux de mer, fort nombreux à l'entrée du détroit de Belle Ile.

11. *Anticosti*

Bien que les attraits naturels ne manquent pas (chutes, falaises et canyons impressionnants), cette île immense constitue une destination relativement difficile et coûteuse. L'avion mis à part, on s'y rend par le navire caboteur de la Basse Côte-Nord, depuis Havre-Saint-Pierre ou Sept-Iles (voir le site précédent). Le réseau routier sur l'île, tout de même fort ramifié, convient mieux aux véhicules à quatre roues motrices (qu'on peut louer sur place) qu'aux automobiles ordinaires. Pour le logement, on pourra faire du camping, loger à l'hôtel ou en pension, ou encore louer un chalet; la SEPAQ (Société des établissements de plein air du Québec) fournira tous les renseignements requis (1-800-463-0863 ou 1-418-535-0156).

Du point de vue ornithologique, l'attrait principal est sans doute le Pygargue à tête blanche, dont on peut observer facilement le nid. On pourra également se rendre à proximité de falaises où nichent divers oiseaux de mer. L'Écomusée d'Anticosti, situé à Port-Menier, fournit tous les renseignements utiles à l'observation des attraits fauniques.

9

*B*as-Saint-Laurent

Le Bas-Saint-Laurent s'étend entre la frontière au sud et le fleuve au nord, de l'Islet-sur-Mer à Matane. Son caractère unique tient à la présence de marais littoraux dominés par les spartines, plantes soumises aux influences variables de la marée et de l'eau salée. Tandis que le Bruant à queue aiguë en est l'oiseau typique, le Canard noir et le Bihoreau à couronne noire se disputent l'honneur d'en être l'emblème, tant ils y sont nombreux. Ces marais, ainsi que les champs et les bosquets proches, constituent également le terrain de chasse du Faucon émerillon.

Sans aucun doute, cette région est la plus réputée auprès des ornithologues amateurs pour l'observation des oiseaux aquatiques. Toutes les espèces rencontrées au Québec y sont présentes à un moment ou l'autre de l'année et d'excellentes conditions d'observation existent en plusieurs points du littoral. Au printemps les champs proches du rivage, les battures et les eaux littorales sont envahis par les troupes nombreuses de l'Oie des neiges, de la Bernache du Canada, de la Bernache cravant et des canards barboteurs. L'Eider à duvet est omniprésent dans les eaux littorales; parmi les mâles en plumage nuptial, on découvre régulièrement l'Eider à tête grise. Le Huart à gorge rousse, une autre espèce typique de l'estuaire du Saint-Laurent, est assez commun en mai. Les oiseaux de rivage se concentrent sur les vasières et les rives des marais, aussi bien au printemps qu'à l'automne. Ajoutons à cela enfin la possibilité d'observer plusieurs espèces de haute mer à la traverse de Trois-Pistoles.

1. *La batture de La Pocatière*

Située à deux pas des voies routières, la batture de La Pocatière est l'un des sites faciles d'accès de la région pour chercher à découvrir le Bruant à queue aiguë. Des canards barboteurs et des limicoles fréquentent régulièrement l'embouchure de la rivière Saint-Jean.

Meilleures périodes — Le Bruant à queue aiguë est présent de juin à août. En mai, plusieurs limicoles, dont le Phalarope de Wilson, se rencontrent régulièrement au site.

Accès — On empruntera d'abord la sortie 439 de l'autoroute 20 pour prendre la route qui conduit à la batture, vers le nord. Pour avoir accès à l'embouchure de la rivière Saint-Jean, il faudra prendre la sortie 444 et s'avancer vers l'ouest du côté nord de l'autoroute.

Au site — Il arrive souvent qu'on découvre le Bruant à queue aiguë juste à l'est de l'extrémité de la route à laquelle la sortie 439 donne accès. Avant tout, c'est son chant insolite qui trahit sa présence dans les hautes herbes de la partie supérieure de la batture; on dirait le bruit produit par un poêlon brûlant trempé dans l'eau froide. Sinon, il faudra le chercher plus loin en marchant dans la piste qui s'avance vers l'est. On passera à proximité d'un petit étang qui, en mai, reçoit entre autres la visite annuelle du Phalarope de Wilson.

À l'embouchure de la rivière Saint-Jean, on trouvera des canards barboteurs et des oiseaux de rivage. À en juger par les observations passées, il semble que ces derniers soient plus nombreux et plus variés au printemps (à compter du mois de mai).

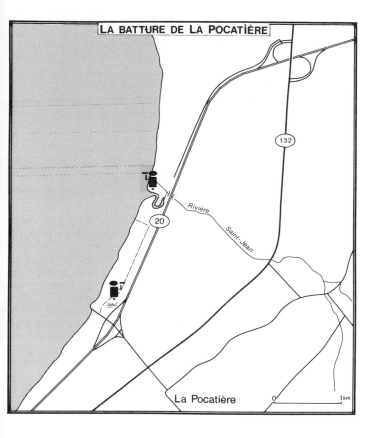

LA BATTURE DE LA POCATIÈRE

2. Le quai de Rivière-Ouelle

Riv.-du-Loup

Ce site offre un point de vue remarquable sur les eaux littorales du fleuve. Des visites répétées à l'époque des migrations permettront de voir défiler toutes les espèces qui fréquentent régulièrement les eaux de l'estuaire. Il s'agit en fait d'un site qui illustre bien toutes les possibilités d'observation aux autres endroits semblables de la région.

Meilleures périodes — On fera des observations intéressantes d'avril à décembre, particulièrement en avril et en mai ainsi que de septembre à décembre.

Accès — À environ trois kilomètres au nord de Rivière-Ouelle par la route 132, il faut prendre à gauche la route qui conduit à la pointe aux Orignaux, où se trouve le quai.

Au site — À quelques centaines de mètres de la route 132, on verra à droite un grand étang; divers canards y sont présents lorsqu'il n'est pas gelé et des phalaropes s'y rencontrent parfois en période de migration.

La baie qui baigne Pointe-aux-Orignaux est un site de pêche hautement recherché à marée basse par le Bihoreau à couronne noire. Divers oiseaux de rivage et des mouettes s'y rassemblent également.

Le quai n'est pas seulement un bon poste d'observation: vers la fin de mai et en novembre, le Bécasseau violet se pose souvent à son extrémité pour s'y reposer. Au printemps, on verra des macreuses et l'Eider à duvet en grand nombre, ce dernier souvent accompagné d'un Eider à tête grise. Le Fou de Bassan est présent au début de mai, tandis que le Huart à gorge rousse, le Labbe parasite et le Petit Pingouin se voient surtout vers la mi-mai. À l'automne, on verra une grande variété de canards plongeurs parmi lesquels se glisse une espèce inusitée comme le Canard arlequin, le Mergule nain ou le Macareux moine.

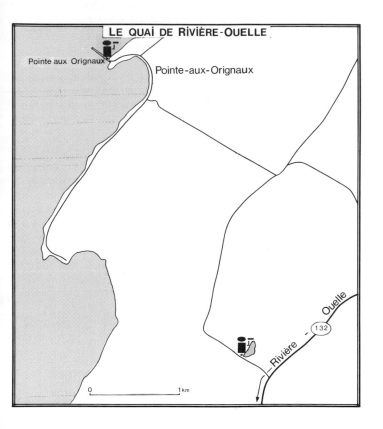

LE QUAI DE RIVIÈRE-OUELLE

Pointe aux Orignaux

Pointe-aux-Orignaux

Rivière - Ouelle

132

0   1 km

3. Les battures de Kamouraska

Riv.-du-Loup

*Ce site très vaste, où le Bruant à queue aiguë est bien répandu, mérite d'être visité, surtout si l'on profite des deux petits centres d'in-*terprétation, nés de l'initiative privée, qui offrent aux visiteurs la possibilité d'en apprendre sur ce milieu tout à fait particulier, autant par sa faune que par ses aspects culturels.*

Meilleure période — La période qui va du mois de mai au mois de septembre est la plus intéressante. On notera cependant que les centres d'interprétation ne sont ouverts que durant la période des vacances estivales.

Accès — Les points d'intérêt sont tous situés à proximité de la route 132, entre Saint-Denis et Andréville.

Au site — À environ deux kilomètres à l'est de Saint-Denis, on trouvera le premier centre d'interprétation, du côté nord de la route. On pourra découvrir le Bruant à queue aiguë en parcourant la piste qui s'avance vers l'est depuis l'arrière du centre. À l'époque des migrations les oiseaux de rivage abondent sur le site, mais ce dernier est tellement vaste que bien des points de rassemblement sont inaccessibles. Toutefois, à environ deux kilomètres avant le village de Kamouraska, on pourra suivre un chemin parallèle à la route 132 qui longe le rivage. Cinq kilomètres à l'est du village, on verra un chemin qui conduit au rivage (c'est le premier de deux avant la route qui mène à Saint-Germain); il y a là une vasière où les limicoles se rassemblent régulièrement (surtout à marée montante et haute). Enfin, à environ huit kilomètres plus à l'est, on verra une halte routière du côté nord de la route; un chemin la contourne et conduit au rivage, où est érigé le deuxième centre d'interprétation.

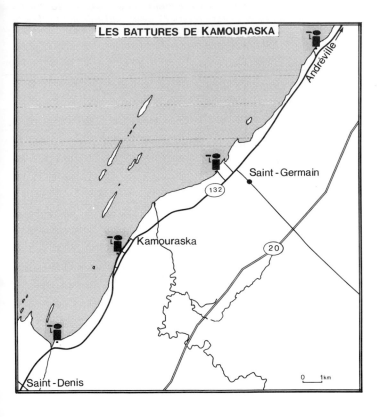

LES BATTURES DE KAMOURASKA

Andréville

Saint - Germain

132

20

Kamouraska

Saint - Denis

0   1km

4. Le marais de Cacouna

En raison des excellentes conditions d'observation et de la diversité des milieux (rivage boueux, bassin d'eau profonde, étangs, marais, petit lac, rivages rocheux), le marais de Cacouna est sans contredit le site le plus réputé auprès des ornithologues amateurs pour l'observation des oiseaux aquatiques. À elle seule, la variété impressionnante des espèces inusitées qu'on y a trouvées témoigne de sa valeur; par exemple, au printemps de 1988 seulement, on y a observé la Grue du Canada, l'Aigrette bleue, l'Aigrette tricolore, le Chevalier semipalmé, le Canard roux et le Pluvier doré d'Europe.

Meilleures périodes — On fera des observations intéressantes de la mi-avril à la fin de septembre, et plus particulièrement en mai.

Accès — Les deux chemins qui donnent accès au site coupent la route 132 à l'extrémité est du village. La circulation automobile est bloquée sur diverses portions des voies carrossables, qu'on pourra toujours parcourir à pied.

Au site — Le premier chemin conduit au port de Gros-Cacouna. Découvert à marée basse, le rivage boueux situé du côté ouest est fréquenté par les oiseaux de rivage, à compter de la fin de juillet principalement. Le bassin d'eau profonde, à droite du chemin, accueille des canards tant barboteurs que plongeurs en toute saison. L'étang et le marais qui s'étendent vers l'ouest sont fréquentés régulièrement par les canards barboteurs, les grands échassiers et divers oiseaux de rivage. C'est cette portion du site qui est la plus intéressante, principalement de la mi-avril à la fin de juin.

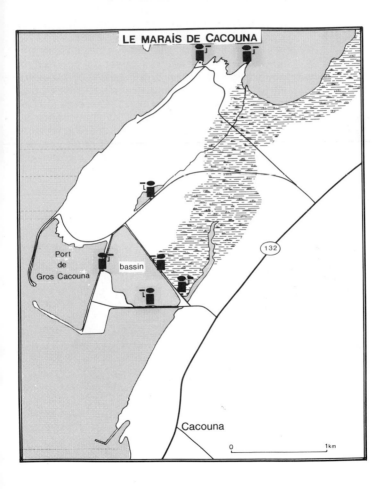

LE MARAIS DE CACOUNA

Port de Gros Cacouna

bassin

132

Cacouna

0   1 km

Le Phalarope de Wilson et le Canard chipeau y sont observés chaque année. Dans les champs qui s'étendent au sud du marais, on découvrira facilement le Bruant à queue aiguë à compter du milieu de juin.

Le second chemin est situé à environ deux kilomètres plus à l'est. Les prés humides qu'il traverse sont fréquentés par l'Oie des neiges et les bernaches en fin d'avril et par des oiseaux de rivage vers la fin de mai (le Pluvier argenté notamment). L'embranchement ouest de ce chemin, fermé à la circulation automobile, conduit entre autres à un petit lac où l'on verra des canards barboteurs, des bihoreaux et des hérons en toute saison. L'embranchement est du chemin conduit au bord du fleuve après avoir contourné une résidence privée. De la fin d'avril au début de juin, les eaux côtières sont fréquentées entre autres par des troupes de Bernaches cravants, de macreuses, d'Eiders à duvet et de Huarts à gorge rousse.

Râle de Caroline

Normand David

Paul Perreault

Bas-Saint-Laurent

5. La traverse de Trois-Pistoles

Le traversier qui fait la navette entre Trois-Pistoles et Les Escoumins coupe l'extrémité est du secteur de l'estuaire le plus riche en oiseaux de mer.
C'est dans cette zone que séjournent de nombreux cétacés, qu'il est possible d'observer à l'occasion de croisières spécialisées. Ce n'est pas là une coïncidence: la richesse de ces eaux en nourriture marine explique autant la concentration des mammifères marins que celle des oiseaux de mer. À la période favorable, les oiseaux qu'on a de bonnes chances de rencontrer incluent entre autres le Fou de Bassan, la Mouette tridactyle, le Petit Pingouin, la Sterne arctique, le Labbe parasite et le Phalarope hyperboréen.

Meilleures périodes
— Les mois d'août, de septembre et d'octobre, et surtout les dernières semaines d'août et les premières de septembre, constituent la période la plus favorable. Des possibilités d'observation plus réduites existent également à la fin de mai.

Accès
— L'embarquement se fait à l'extrémité du quai de Trois-Pistoles. Le traversier fait normalement deux navettes quotidiennes du début de mai à la fin d'octobre; l'heure du départ varie en fonction des marées. Étant donné la brièveté de la traversée (environ 65 minutes, dont une quarantaine au plus en eaux favorables), on aura évidemment de meilleures possibilités d'observation en effectuant un aller-retour ou en faisant « la croisière aux baleines » que le traversier effectue généralement les samedis et les dimanches en fin d'été. Il faudra

vérifier soigneusement les dates et les heures auprès du gestionnaire (418) 851-3099.

Au site   — Vers la fin de mai, les espèces qu'on rencontre
régulièrement incluent le Fou de Bassan, la Mouet-
te tridactyle, le Petit Pingouin, le Labbe parasite et
le Huart à gorge rousse. Il arrive souvent également qu'on observe des troupes de Sternes arctiques, qu'il faudra distinguer de la Sterne
pierregarin, également présente.

D'août à octobre, le Fou de Bassan, la Mouette tridactyle, le Petit Pingouin et le Labbe parasite sont
encore présents. On verra également des petits
groupes de Phalaropes hyperboréens, avec lesquels on remarque parfois le Phalarope roux. Il
faut mentionner aussi que le Labbe à longue
queue et la Mouette de Sabine fréquentent régulièrement ce secteur en fin d'août et en début de
septembre, mais en nombre très faible. Parmi les
espèces encore moins fréquentes, on peut mentionner le Pétrel cul-blanc, le Pétrel océanite, la
Marmette de Troïl, le Labbe pomarin et la Mouette
pygmée. Les possibilités d'observation du Puffin
des Anglais ou du Puffin majeur, bien que réelles,
sont extrêmement faibles.

6. La halte de Saint-Fabien

Cette halte routière est construite sur le site même du meilleur poste de la région pour l'observation des rapaces diurnes en migration. Le Pygargue à tête blanche et l'Aigle royal s'y rencontrent régulièrement à la période favorable, en plus, évidemment, des buses et des éperviers.

Meilleure période

— Les mois d'avril et de mai constituent la période favorable.

Accès

— La halte est située à proximité du chemin qui relie Saint-Fabien à Saint-Fabien-sur-Mer (à mi-chemin environ entre Trois-Pistoles et Rimouski).

Au site

— La halte est construite sur une crête rocheuse que suivent les rapaces en migration. Du point de vue qu'elle offre, on voit les oiseaux passer à faible distance en se laissant porter par les courants d'air ascendants, dont la géographie du lieu favorise le développement. Les concentrations d'oiseaux sont beaucoup plus importantes au printemps qu'à l'automne. En plus de la Buse à queue rousse, de la Petite Buse, de la Buse pattue, de l'Autour des palombes et de l'Épervier brun, on aura également l'occasion d'observer le Pygargue à tête blanche et l'Aigle royal; une quinzaine d'individus de ces deux grands rapaces sont observés chaque année, principalement en avril.

Il faut cependant garder à l'esprit que l'observation des rapaces en migration demande une disposition particulière: une patience à toute épreuve. Avoir la volonté de demeurer aux aguets au même endroit pendant des heures n'est pas donné à tout le monde, mais constitue un trait indispensable lorsqu'il s'agit d'attendre le passage d'oiseaux qui se font rarement nombreux ou dont la présence est liée aux caprices du temps.

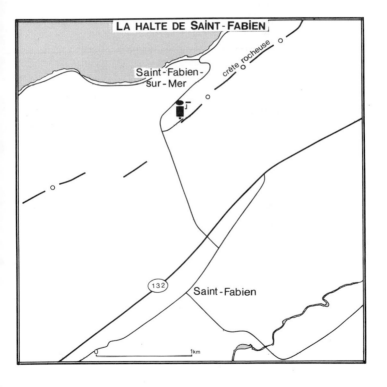

LA HALTE DE SAINT-FABIEN

Saint-Fabien-sur-Mer

crête rocheuse

132

Saint-Fabien

0   1km

7. Le marais de Rimouski

Rimouski

Les aménagements dont ce site est pourvu (sentiers et plates-formes d'observation) le rendent vraiment agréable à visiter, d'autant plus que les oiseaux y sont nombreux et variés. Tandis que canards, oies, bernaches, grands échassiers et limicoles fréquentent le rivage marécageux, les passereaux en migration trouvent refuge dans les buissons en lisière.

Meilleure période — Les mois d'avril à septembre constituent la période la plus favorable.

Accès — Le marais s'étend sur environ trois kilomètres à l'ouest de la rivière Rimouski. On y accède principalement par la rue des Vétérans (qui conduit à une grande antenne émettrice).

À environ un demi-kilomètre à l'est de la rue des Vétérans, le terrain d'un concessionnaire d'automobiles (du côté sud de la route 132) offre un excellent point de vue sur le marais depuis le haut d'un talus. Encore plus à l'est, on trouvera un autre point de vue au bout de la rue de l'Église, où un escalier permet d'accéder au rivage et à l'embouchure de la rivière Rimouski.

Au site — En arrivant par la rue des Vétérans, on trouvera un petit parc et un terrain de stationnement (à droite, au nord de la voie ferrée), vis-à-vis duquel se trouve une plate-forme d'observation. Le pied de la tour émettrice offre également un excellent point de vue sur le marais. Les canards barboteurs, le Grand Héron et le Bihoreau à couronne noire sont présents durant toute la belle saison. À compter de la mi-avril, des groupes d'Oies des neiges séjournent quelques semaines. De la mi-mai au début de juin, divers oiseaux de rivage fréquentent le marais; à cette période, à chaque année ou presque, on rencontre également un échassier inusité comme l'Aigrette bleue, l'Aigrette tricolore ou l'Aigrette neigeuse.

Le sentier qui traverse le site d'ouest en est, jusqu'à l'embouchure de la rivière Rimouski, commence au terrain de stationnement. Il conduit entre autres à une deuxième plate-forme d'observation. À l'époque des migrations, il s'agit d'un excellent trajet pour l'observation des passereaux; en été, on rencontrera entre autres le Bruant à queue aiguë.

Les rivages boueux de l'embouchure de la rivière Rimouski sont particulièrement favorables au rassemblement des oiseaux de rivage en août et en septembre. Plus tard en automne, on verra le Goéland arctique et le Goéland bourgmestre avec les autres goélands qui fréquentent l'endroit.

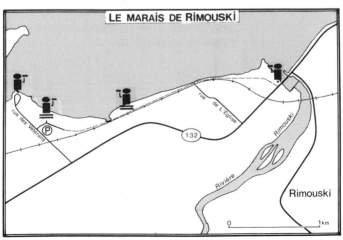

LE MARAIS DE RIMOUSKI

Rue des Vétérans

132

Rue de L'Église

Rivière

Rimouski

Rimouski

0   1km

8. Le marais de Pointe-au-Père

Rimouski

Bien que les oiseaux y soient moins nombreux que dans le marais de Rimouski, ce marais de dimensions plus faibles a l'avantage d'être pourvu de plusieurs points de vue d'où les oiseaux peuvent être observés de plus près.

Le quai adjacent au site constitue un excellent point de vue pour l'observation des espèces marines, tandis que les routes qui longent la rive du fleuve vers l'est permettent d'observer de près oiseaux de rivage et canards marins.

Meilleure période — On fera des observations intéressantes du mois d'avril au mois de septembre.

Accès — Le marais est situé à environ sept kilomètres à l'est de Rimouski. Les bords de la route 132 et du chemin du Quai, ainsi que l'extrémité de la pointe qui borde le marais du côté nord, constituent autant de points d'observation.

Au site — Au printemps, à compter de la mi-avril, des bernaches, des canards barboteurs et des hérons fréquentent le marais. Vers la fin de mai, il arrive parfois que des Sternes arctiques fréquentent le site durant quelques jours. Des oiseaux de rivage sont également présents à cette époque. Ils sont encore plus nombreux en fin d'été; à marée montante, l'extrémité de la pointe au nord du marais constitue alors un bon endroit pour les observer.

À proximité — En toute saison, et notamment en avril et en mai ainsi que de septembre à décembre, le quai adjacent au site offre un excellent point de vue pour l'observation des espèces marines qui fréquentent les eaux du fleuve. Comme au quai de Rivière-Ouelle, on peut s'attendre à tout, y compris des pétrels qui s'approchent de la rive par mauvais temps.

À l'est du site, les bords de la route 132 et des routes secondaires qui longent le fleuve permettent d'observer de près les oiseaux de rivage qui s'assemblent sur les rives, en fin d'été surtout. Au printemps, les eaux littorales sont fréquentées par de nombreux canards marins, dont l'Eider à tête grise qui accompagne les bandes de l'Eider à duvet.

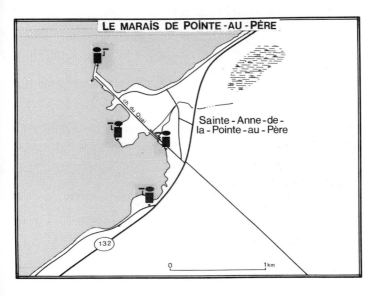

LE MARAIS DE POINTE-AU-PÈRE

ch. du Quai

Sainte-Anne-de-la-Pointe-au-Père

132

0   1 km

Grand Héron

Paul Perreault

10

Gaspésie

Destination touristique par excellence, la Gaspésie est également une excellente destination ornithologique. Dans ce pays de montagnes et de côtes marines, les oiseaux forestiers et aquatiques sont également représentés, et abondamment. À elles seules, les colonies d'oiseaux marins de l'île Bonaventure offrent des possibilités d'observations inégalées, à tel point qu'il s'agit de l'un des sites les plus réputés en Amérique du Nord. Tandis que les grandes vasières des côtes est et sud de la péninsule se peuplent d'oiseaux de rivage à l'époque des migrations, certaines côtes rocheuses sont fréquentées par le Grand Cormoran et le Canard arlequin. Étendue en relief montagneux, la forêt gaspésienne est largement coniférienne et abrite donc une avifaune où les espèces de type boréal sont toutes présentes.

La côte nord de la péninsule est pratiquement rocheuse d'une extrémité à l'autre. Le trait dominant de l'avifaune est l'omniprésence de multitudes de goélands, des Goélands argentés et des Goélands à manteau noir à la belle saison, des Goélands bourgmestres et des Goélands arctiques vers la fin de l'hiver et au début du printemps. Dans les eaux littorales, à la saison favorable, on verra divers canards marins: macreuses, Bec-scie à poitrine rousse, Canard kakawi, Eider à duvet (avec lequel on trouve parfois l'Eider à tête grise), Garrot à oeil d'or et Garrot de Barrow entre autres. Les immenses falaises qui s'élèvent en bordure de la mer à l'ouest de Gros-Morne constituent le site de nidification de plusieurs centaines de Guillemots à miroir, dont on pourra surtout observer les activités de la fin de mai jusqu'en juillet.

1. La traverse de Matane

Matane est le point de départ de traversiers qui conduisent alternativement à Baie-Comeau et à Godbout, sur la rive nord du Saint-Laurent.
La traversée fournit l'occasion d'observer des oiseaux de haute mer, dont le Fulmar boréal.

Meilleures périodes

— La période qui va de la mi-mai à la mi-juin ainsi que les mois d'août à décembre constituent les meilleures périodes.

Accès

— Le quai d'embarquement se trouve à l'ouest de la ville. Les panneaux en bordure de la route 132 indiquent clairement son emplacement.

À la traversée

— Les observations passées des ornithologues montrent qu'on a rencontré sur cette traverse les mêmes espèces que celles qu'on voit sur celle de Trois-Pistoles (voir le chapitre consacré au Bas Saint-Laurent). À chaque traversée cependant, la diversité des espèces et les nombres d'individus sont plus faibles. Vers la fin de mai toutefois, le Fulmar boréal se montre en bon nombre (plusieurs dizaines), ce qui n'est pas le cas à la traverse de Trois-Pistoles. Le Fou de Bassan, le Huart à gorge rousse, la Sterne arctique et le Labbe parasite sont également présents à cette époque.

D'août à octobre, l'une ou l'autre des espèces suivantes pourrait être observée à l'occasion: le Pétrel cul-blanc, le Pétrel océanite, le Puffin majeur, le Puffin fuligineux, le Labbe parasite, le Labbe pomarin, le Labbe à longue queue, le Phalarope hyperboréen, le Phalarope roux, le Guillemot à miroir, le Petit Pingouin et la Marmette de Troïl. En novembre et en décembre, s'ajoute la possibilité d'observer le Mergule nain et la Marmette de Brünnich.

Phalarope hyperboréen

Yves Aubry

2. La baie des Capucins

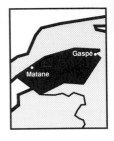

Avec l'embouchure de la rivière Cap-Chat, cette baie est l'un des rares sites de la côte nord de la péninsule gaspésienne qui recèle des portions marécageuses. Comme ses rivages sont découverts à marée basse, on y verra donc à la fois des canards barboteurs, des hérons et des oiseaux de rivage.*

Meilleure période — Les mois d'avril à octobre constituent la période favorable.

Accès — La baie des Capucins est située à une soixantaine de kilomètres à l'est de Matane (une quinzaine de kilomètres à l'ouest de Cap-Chat), en bordure de la route 132.

On trouvera un excellent point de vue de part et d'autre du site. Du côté ouest, il faut se rendre à l'extrémité d'un chemin secondaire; un panneau installé par le Club des ornithologues de la Gaspésie indique l'emplacement. Lorsqu'on vient de l'ouest, tourner à gauche dans ce chemin est une manoeuvre dangereuse à cause de la courbe prononcée de la route 132. Il est préférable de s'y rendre après avoir été au second point de vue, situé en bordure de la route qui conduit au village de Capucins.

Au site — La Bernache cravant et divers canards barboteurs peuplent la baie à compter du mois d'avril et durant une partie de mai. Le Huart à collier, le Grand Héron et le Bihoreau à couronne noire sont présents durant toute la belle saison. Dans les eaux du large on verra le Grèbe jougris, le Canard kakawi, des macreuses, des garrots, le Bec-scie à poitrine rousse et des morillons; ces derniers sont absents en automne. Sur les rives de la baie, pluviers, chevaliers, tournepierres et bécasseaux sont présents de la mi-mai au début de juin, puis de la fin de juillet à la fin de septembre.

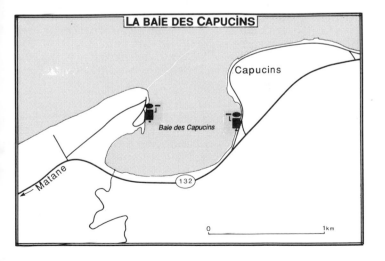

3. Les monts Albert et Jacques-Cartier

On ne trouve pas au Québec des montagnes qui pourraient rivaliser en importance avec les Alpes ou les Rocheuses ou abriter une avifaune endémique riche comme celle des Andes. Mais le coeur de la Gaspésie est tout de même occupé par une chaîne de montagnes, les Chic-Chocs, qui offrent des paysages spectaculaires, sans compter qu'on y trouve les plus hauts sommets de la province. Les monts Albert et Jacques-Cartier sont de ceux-là et devraient certainement figurer sur la liste des destinations de tout ornithologue. Leur sommet est couvert d'une toundra véritable où nichent le Sizerin flammé et le Pipit d'Amérique, deux espèces qui trouvent là leurs seules stations de nidification québécoises en dehors de l'Arctique. Dans la forêt boréale qui croît sur leurs pentes, on aura l'occasion d'observer entre autres la Grive à joues grises, le Bec-croisé à ailes blanches, le Pic tridactyle, le Tétras du Canada, le Durbec des pins, le Geai du Canada et la Mésange à tête brune.

Meilleures périodes — Les mois de juin, de juillet et d'août constituent la meilleure période pour la visite de ces sites, encore que les conditions de neige peuvent être défavorables jusqu'à la mi-juin certaines années. Par ailleurs, le sommet de ces montagnes est souvent enveloppé par la brume, les nuages et la pluie. On essaiera donc de faire l'ascension par beau temps, pour profiter au maximum de sa visite. Comme le point de départ des sentiers est situé à moins de trois heures de route de Gaspé et de la baie des Chaleurs, il est toujours possible de suivre les prévisions météorologiques et de se rendre sur place à une journée d'avis.

Accès — Les monts Albert et Jacques-Cartier font partie du parc de la Gaspésie, administré par le ministère du Loisir, de la Chasse et de la Pêche. L'entrée principale est située sur la route 299, qui relie Sainte-Anne-des-Monts à New Richmond. Installés au pied du mont Albert, un terrain de camping et une auberge (le Gîte du Mont-Albert) offrent aux visiteurs des conditions d'hébergement exceptionnelles. Au plus fort de la saison touristique, les réservations sont à conseiller.

Des sentiers bien entretenus permettent l'ascension de ces deux sommets, mais exigent un effort physique hors de l'ordinaire. La dénivellation parcourue est de 840 mètres au mont Albert et de 690 mètres au mont Jacques-Cartier. L'ascension du mont Albert exigera près de trois heures de marche (environ six kilomètres), alors que celle du mont Jacques-Cartier demandera un peu plus de deux heures.

Au site — Le point de départ du sentier du mont Albert est situé un peu au nord du gîte, du côté ouest de la route 299. Le sentier grimpe sans cesse à flanc de montagne en serpentant à travers la forêt. Le seul fait d'y être « immergé » pendant quelques heures suffit pour avoir l'occasion d'y observer les oiseaux typiques de ce milieu comme le Pic tridactyle et le Durbec des pins. Le Tétras du Canada place souvent son nid à quelques pas du sentier, tandis que la Grive à joues grises se cantonne dans les derniers étages de la forêt. L'effort consenti pour parvenir au sommet sera pleinement récompensé par la vue d'un paysage unique: un espace pratiquement plat d'une vingtaine de kilomètres carrés, comme si la montagne avait été tronquée net par magie. Du roc nu et de la toundra herbeuse à perte de vue, survolés de temps à autre par quelques corbeaux ! On cherchera également à découvrir le Pipit d'Amérique (ne pas confondre avec l'Alouette cornue, également présente) et le Sizerin flammé, bien que ces espèces ne soient pas tellement abondantes (surtout le sizerin) et difficiles à observer après la saison de reproduction.

Accessible par les routes 14 ou 16, le point de départ du sentier du mont Jacques-Cartier est situé à une quarantaine de kilomètres du gîte du Mont-Albert. On pourra explorer le long de ces deux

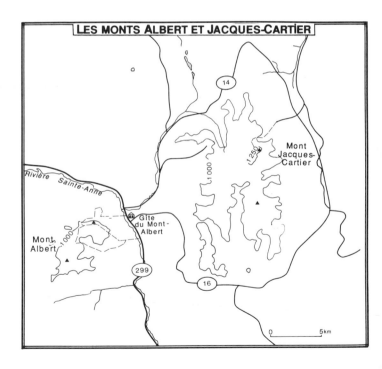

LES MONTS ALBERT ET JACQUES-CARTIER

routes; le Bruant fauve se rencontre un peu partout en forêt, tandis que la Paruline à couronne rousse et le Pic à dos noir fréquentent respectivement les tourbières et les brûlis. Le séjour dans cette région montagneuse réserve parfois la surprise d'observer l'Aigle royal. Selon les conditions de la piste (et du véhicule qu'on conduit !), il est parfois possible de rouler sur une bonne distance. L'ascension en forêt offre les mêmes possibilités d'observation qu'au mont Albert. Le sommet, qui offre un point de vue sur une mer de montagnes, est largement rocailleux et dépourvu de la toundra herbeuse qui caractérise le mont Albert.

Tétras du Canada

Paul Perreault

4. La baie des Chaleurs

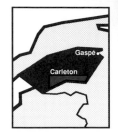

La côte sud de la Gaspésie recèle de nombreux sites riches en oiseaux aquatiques. Tous offrent des possibilités d'observation durant tout le temps où leurs eaux sont libres de glaces. Ceux que nous décrivons ici sont à la fois les plus importants et ceux dont les voies d'accès sont les plus complexes. Les autres sont situés en bordure de la route 132, d'où on pourra les explorer facilement.

Meilleures périodes

— À chacun de ces sites, il sera possible d'observer des attroupements de canards et de bernaches (plus nombreux en avril, mai, août, septembre et octobre), des bandes d'oiseaux de rivage en migration (de la mi-mai à la mi-juin et en août) et des groupes de goélands, de mouettes, de sternes et de hérons (d'avril à septembre).

Le bassin de la rivière Nouvelle

Cette baie relativement vaste, où se jette la rivière Nouvelle, est principalement accessible par un chemin qui longe ses rives ouest et sud. Il coupe la route 132 à Nouvelle, à environ huit kilomètres à l'ouest de Saint-Omer. On trouvera divers points de vue le long d'un sentier qui conduit au rivage à l'ouest de la pointe Labillois. En poursuivant vers le sud jusqu'au bout de la route, on a une excellente vue de la petite lagune qu'enferme le banc de Miguasha. En roulant une douzaine de kilomètres vers l'ouest sur la route de Miguasha, on parviendra en bordure de l'anse au Pirate, réputée pour la présence régulière du Balbuzard. On peut souvent en observer quatre ou cinq qui font du sur-place.

On fera également des observations intéressantes à l'île Laviolette, près de Saint-Omer (le chemin d'accès coupe la route 132 près du bureau de poste).

La lagune de Carleton

Devant le village de Carleton s'allongent deux immenses bancs de graviers. La lagune qu'ils enferment se vide à marée basse. Un terrain de camping occupe la pointe du banc Larocque. Le

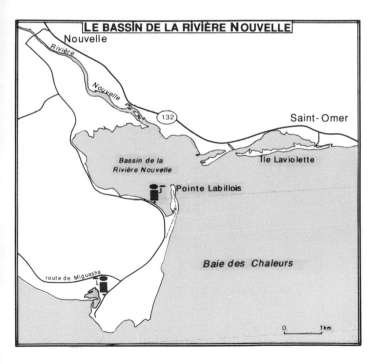

LE BASSIN DE LA RIVIÈRE NOUVELLE

Nouvelle

Rivière

Nouvelle

132

Saint-Omer

Bassin de la
Rivière Nouvelle

Île Laviolette

Pointe Labillois

Baie des Chaleurs

route de Miguasha

0   1 km

chemin qui y conduit offre d'excellents points de vue pour l'observation, de même que celui qui longe la rive nord de la baie en retrait de la route 132. Le banc de Carleton est encore plus intéressant (il faut contourner un entrepôt de bois pour se rendre jusqu'à l'extrémité). Une colonie de la Sterne pierregarin y est installée et les oiseaux de rivage y sont nombreux en période de migration.

La lagune de Paspébiac

Ce site ressemble fort à celui de Carleton: deux bancs de graviers qui enferment un marais saumâtre. Aux extrémités du village, un chemin donne accès à chacun. En plus des oiseaux mentionnés précédemment, il faut signaler que le Pluvier siffleur a déjà été observé sur le banc est lors de la migration printanière.

Bonaventure

Ce site très vaste est formé par l'embouchure de la rivière Bonaventure. On trouvera de nombreux points de vue le long de la route qui conduit au quai, le long de la route 132 et aussi le long des

chemins secondaires à l'est et au nord de cette dernière. En empruntant la route du Cap de sable, au sud-est du village, on a accès à la partie sud du site. Les rassemblements de mouettes et de sternes sont particulièrement importants; on cherchera donc à y découvrir la Mouette pygmée et la Mouette rieuse (surtout en mai et en août).

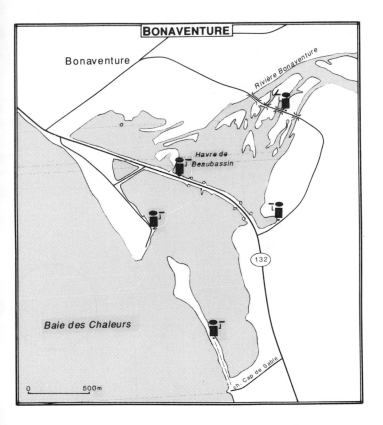

La baie de Port-Daniel

Si les oiseaux de rivage sont peu abondants ici, en revanche mouettes et sternes s'assemblent en

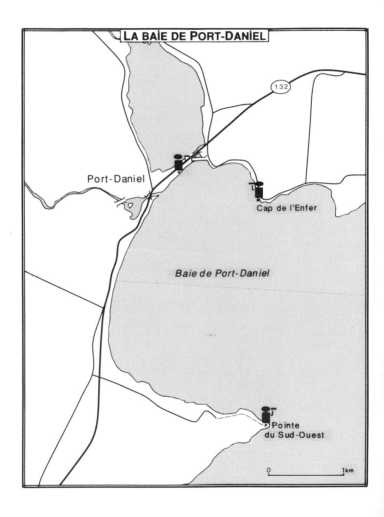

LA BAIE DE PORT-DANIEL

132

Port-Daniel

Cap de l'Enfer

Baie de Port-Daniel

Pointe
du Sud-Ouest

0   1km

grand nombre sur la plage au milieu du village, tandis que canards plongeurs, grèbes et huarts sont nombreux dans les eaux de la baie (au printemps et à l'automne surtout). La route qui mène au cap de l'Enfer offre un excellent point de vue.

La présence régulière du Canard arlequin à la pointe du Sud-Ouest constitue un autre attrait du site. Cela est surtout vrai en août et pourrait se vérifier à d'autres moments de l'année. On voit habituellement une famille ou deux près des rochers au pied du phare. Le chemin d'accès, au sud-ouest de la baie, conduit à un établissement hôtelier. On n'a qu'à demander aux propriétaires la permission de marcher jusqu'au phare.

Chandler

À Chandler on trouvera une immense baie marécageuse, principalement accessible du côté est par la plage du Grand Pabos. Depuis la route 132,

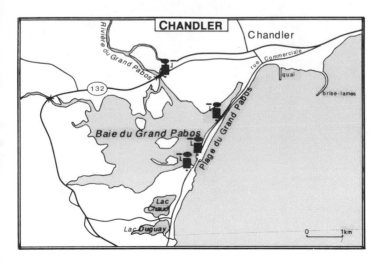

à l'est de la ville, on s'y rend par la rue Commerciale. En réalité, la partie nord de cette baie est un immense bassin de sédimentation où une compagnie papetière dépose les rebuts de la transformation du bois. Cet « habitat » constitue l'un des sites de la région les plus fréquentés par les oiseaux de rivage en migration. La partie en eau libre de la baie est un haut lieu de rassemblement pour la sauvagine et aussi pour les oiseaux de rivage, dont la Barge hudsonienne. On a également accès au fond de la baie par la route secondaire qui contourne le lac Duguay et le lac Chaud par l'est.

À l'est de la ville, le quai constitue un excellent point de vue. En fin d'automne, le rivage rocheux entre le brise-lames et le quai reçoit la visite du Bécasseau violet.

Petit Chevalier

Paul Perreault

Gaspésie

5. Le barachois de Malbaie

Gaspé

Ce milieu particulier, une baie immense composée en partie de marais et dont l'ouverture est presque entièrement fermée par un banc de sable (la « barre à choir »), constitue sans doute le site le plus riche en oiseaux aquatiques de la péninsule gaspésienne. Aux immenses rassemblements printaniers de la Bernache cravant et de la Bernache du Canada, s'ajoutent les troupeaux de canards (nicheurs et migrateurs), les bandes d'oiseaux de rivage en migration et les attroupements des sternes, des goélands et des mouettes. En outre, la présence du Râle jaune et du Bruant à queue aiguë comme nicheurs ajoute à la richesse du site, dont témoigne également la présence de plusieurs espèces inusitées.

Meilleure période — On pourra faire des observations intéressantes d'avril à novembre, c'est-à-dire pendant la période où la baie est libre de glaces.

Accès — Le barachois de Malbaie est situé à une douzaine de kilomètres au nord de Percé. Plusieurs portions du site sont visibles de la route 132 et de ses sections abandonnées.

Au site — Du côté sud se trouve Coin-du-Banc, un petit hameau où l'on prendra une section abandonnée de la route 132 qui s'avance sur la barre de sable. On verra à gauche une baie marécageuse où l'on trouvera en saison des canards ou des oiseaux de rivage. Les étendues herbeuses situées du côté opposé de la partie sud abritent le Râle jaune

(qu'on entend parfois mais qu'on ne verra probablement pas). Il faudra faire demi-tour car la route
ne franchit plus la voie ferrée qui la coupe.

De retour sur la route 132 en direction nord, on remarquera à gauche, environ un kilomètre plus

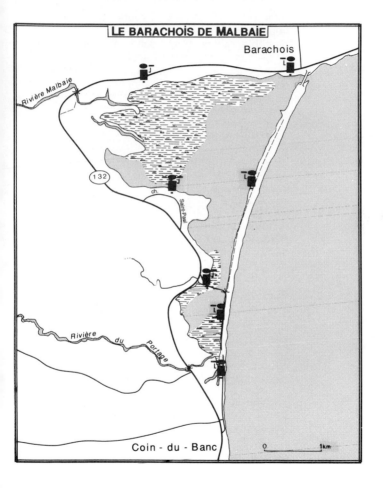

loin, un chemin qui s'enfonce dans la forêt vers l'ouest. En période de nidification (de la fin de mai au milieu de juillet), on pourra parcourir ce chemin à pied: il s'agit de l'un des sites les plus riches du coin pour l'observation des passereaux forestiers (variété impressionnante d'espèces).

Plus loin vers le nord, la route 132 longe à nouveau la baie aperçue précédemment de la barre de sable, qu'une autre section abandonnée rejoint également (après avoir franchi un pont). Ici encore, hérons, canards et oiseaux de rivage abondent aux saisons propices. En mai les rassemblements de canards sont impressionnants et cachent souvent une espèce peu fréquente comme le Canard branchu ou le Canard chipeau. Sur la barre de sable, on pourra aller vers le sud (jusqu'au point où on a fait demi-tour auparavant) et s'avancer vers le nord pour avoir des points de vue sur la partie la plus vaste du site. Au printemps, on y verra entre autres les attroupements de la Bernache cravant et de la Bernache du Canada.

À nouveau de retour sur la route 132 en direction nord, on prendra le chemin Saint-Paul qui se présente à droite environ un kilomètre plus loin. Il conduit à une école, derrière laquelle on a un point de vue sur la partie marécageuse du site.

En poursuivant sur ce chemin, on rejoint la route 132. Environ deux kilomètres plus loin, il y a à droite une très vieille section de la route dont l'accès est bloqué aux automobiles. En y allant à pied, on se rendra jusqu'à la rivière Malbaie. Le Bruant à queue aiguë fréquente les champs qui s'étendent vers l'est le long de ce cours d'eau.

Du côté nord du site, la route 132 offre quelques points de vue sur les endroits où se rassemblent les sternes, les goélands et les mouettes. À Barachois, on trouvera un quai d'où on a un point de vue sur l'ouverture de la baie et sur un grand platier.

6. L'île Bonaventure

*On ne revient jamais insatis-
fait d'une visite à l'île Bonaventure. À elle seule, la
possibilité d'observer à
quelques mètres seulement*
des milliers de Fous de Bassan occupés à nicher
vaut le déplacement. Les falaises est de l'île, dont
une partie est visible depuis le plateau supérieur,
abritent également la Mouette tridactyle, le Petit
Pingouin, la Marmette de Troïl et quelques
couples du Macareux moine. Le Canard arlequin
fréquente assidûment les eaux au pied des falaises. Dans la forêt de conifères, qui couvre une
bonne partie de la superficie de l'île, on verra
entre autres le Bruant fauve et le Bec-croisé à
ailes blanches. À l'époque des migrations, les
friches du côté ouest fourmillent de passereaux
où se glissent souvent des espèces inusitées,
sans doute à cause de la situation stratégique de
l'île à l'extrémité de la péninsule.

*À Percé même, on trouvera des sentiers en milieu
forestier où l'on pourra observer entre autres la
Grive à joues grises, le Bruant fauve et le Moucherolle à ventre jaune.*

**Meilleures
périodes** — On ne peut accéder à l'île que du début de juin
au début de septembre environ. On notera cependant que le Macareux moine, le Petit Pingouin et
la Marmette de Troïl quittent leurs falaises à
compter du mois d'août.

Accès — L'Association des bateliers de Percé exploite
un service de navettes quotidiennes, de 8 heures 30

(départ du quai de Percé) à 16 heures (départ de l'île). On peut se contenter de faire seulement le tour de l'île pour admirer les falaises du côté est où nichent tous les oiseaux marins. Le bateau s'arrête quelques minutes au quai de l'île pour laisser descendre les visiteurs et ramener ceux déjà sur place. Explorer l'île complètement demande la journée entière; il faut deux heures pour un aller-retour à la colonie des Fous de Bassan établie sur le rebord des falaises du côté est.

L'île Bonaventure est un parc provincial géré par le ministère du Loisir, de la Chasse et de la Pêche. Durant la belle saison, des naturalistes sont au service du public. C'est à eux qu'il faudra demander les indications sur les emplacements exacts occupés par le Macareux moine (les bateliers ne sont pas toujours fiables sous ce rapport).

Au site   — Au départ de la traversée, le bateau s'approche de la face sud du rocher Percé. Le Goéland argenté, le Goéland à manteau noir et le Cormoran à aigrettes y nichent en grand nombre, le Grand Cormoran également, mais en petit nombre et seulement près du sommet de la face nord (où le bateau ne va que rarement).

L'approche de l'île Bonaventure se fait par le côté nord. Lorsque la mer n'est pas trop forte, le bateau longe les falaises de près pour permettre aux visiteurs d'observer les milliers d'oiseaux qui y nichent. Dans ces conditions, il sera facile d'identifier la Mouette tridactyle, le Fou de Bassan, le Petit Pingouin et la Marmette de Troïl. Quelques couples seulement du Macareux moine sont présents; il arrive parfois qu'on l'observe à l'eau, au pied des falaises. Le Canard arlequin fréquente également le pied des falaises, un peu partout autour de l'île; en août, on en trouve plus d'une vingtaine, répartis en petits groupes.

La randonnée complète sur l'île commence au quai et s'y termine. On empruntera d'abord le sentier des Colonies pour se rendre du côté est de l'île. Avant même de sortir de la forêt, les visiteurs sont accueillis par les cris rauques et incessants des milliers de Fous de Bassan qui nichent au bord de la falaise, jusqu'à une clôture d'où on peut les observer à loisir. En suivant celle-ci vers le nord, on découvrira des pans de la falaise où nichent, en plus du Fou de Bassan, le Petit Pingouin et la Marmette de Troïl. Comme autant de troupes de théâtre, chaque espèce donne son répertoire entier de comportements rituels qui, sous les apparences de la comédie, suivent une trame dramatique d'importance vitale. Le Macareux moine s'observe parfois de cet endroit, en vol vers l'em-

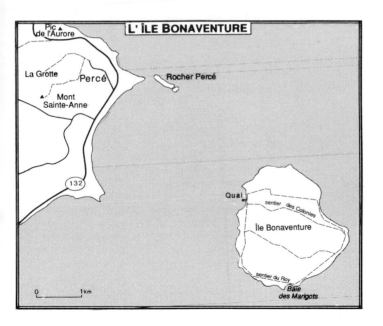

placement de son nid en contre-bas ou encore à l'eau au pied de la falaise.

Pour le retour, on se dirigera vers le sud en suivant le sentier qui ceinture l'île. Vers le coin sud-est de l'île, il passe en surplomb de la baie des Marigots, à laquelle un escalier donne accès. Le Canard arlequin se tient régulièrement sur les rochers qui affleurent du côté sud. Lorsque la nidification bat son plein, les Mouettes tridactyles qui nichent dans les falaises du côté nord se laissent photographier de très près.

Du côté ouest de l'île le sentier du Roy passe à travers une prairie buissonnante. Au début de juin et à la fin d'août, les passereaux migrateurs y abondent. Aux divers endroits où le sentier se rapproche du rivage, on examinera les rochers qui émergent de l'eau: le Grand Cormoran s'y tient souvent, de même que le Canard arlequin (en plumage nuptial au début de juin).

À proximité — Se rendre à l'île Bonaventure, c'est sans doute séjourner quelque temps à Percé, où des sentiers pénètrent en milieu forestier. Face au quai, la rue qui conduit vers l'église se divise en deux après avoir contourné celle-ci. L'embranchement droit conduit à « la grotte » et l'embranchement gauche donne accès au sommet du mont Sainte-Anne, d'où on a une vue superbe sur le village, le rocher Percé et l'île Bonaventure. En face du pic de l'Aurore, à environ 1,8 kilomètre au nord du village par la route 132, une piste mène au sommet du mont Blanc. En juin et en juillet surtout, ces randonnées fournissent l'occasion d'observer la Grive à joues grises et le Bruant fauve, sans compter d'autres espèces boréales comme le Moucherolle à ventre jaune.

Yves Aubry

Gaspésie

7. La pointe Saint-Pierre

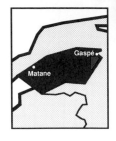

Du haut de ce promontoire qui domine le golfe du Saint-Laurent, on aura l'occasion d'observer nombre d'espèces marines, y compris le Grand Cormoran, les oiseaux marins qui vont et viennent depuis l'île Bonaventure, le Mergule nain et de grands attroupements de Canards kakawis.

Meilleures périodes — Ce promontoire offre des possibilités d'observation en toute saison.

Accès — La pointe Saint-Pierre est située entre Percé et Gaspé, à quelque huit kilomètres à l'est du barachois de Malbaie. Le chemin d'accès est difficile à négocier, placé qu'il est dans une pente et à la sortie d'une courbe de la route 132.

Au site — Le chemin conduit l'automobiliste directement au bord des falaises du promontoire. Vers le large, on verra l'île Plate, un gros rocher sur lequel, grâce à une lunette puissante, on pourra distinguer le Grand Cormoran, qui côtoie le Cormoran à aigrettes. En mai et en juin, des groupes de Marmettes de Troïl, de Petits Pingouins, de Fous de Bassan et de Mouettes tridactyles vont et viennent continuellement. Au printemps et à l'automne, de nombreux canards marins fréquentent l'endroit, y compris parfois le Canard arlequin. À compter de la fin de novembre, ce site constitue un bon endroit où chercher à voir le Mergule nain. Ce petit alcidé qui niche au Groenland se déplace vers le sud pour hiverner en mer et est souvent déporté vers les côtes par vents forts. En hiver, de grandes troupes de Canards kakawis se rassemblent le long de la côte (selon les conditions des glaces), tandis qu'un Faucon gerfaut ou un Harfang des neiges patrouille parfois la prairie à demi enneigée du promontoire.

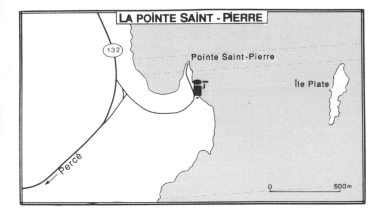

8. *Le parc Forillon*

Avec ses hautes falaises marines, ses montagnes boisées et une baie maréca- geuse (Penouille), le parc Forillon est une réplique en miniature de la Gaspésie. En période de migration, il s'agit sans aucun doute du meilleur site de la péninsule pour l'observation des rapaces et des passereaux. Tandis que les eaux littorales du côté de Cap-des- Rosiers sont riches en canards marins, les sec- teurs boisés du parc, parcourus de nombreux sentiers, abritent tous les oiseaux typiques de la région.

Meilleures
périodes — Le site offre des possibilités d'observation en toute saison.

Accès — Les entrées du parc donnent directement sur la route 132, à l'est de Gaspé. On trouvera un camping du côté sud du parc (Petit-Gaspé) et un autre du côté nord (Cap-Bon-Ami). Au poste d'ac- cueil, situé à Cap-des-Rosiers-Est, on trouvera toute la documentation nécessaire sur les sentiers aménagés dans le parc; on s'y informera égale- ment sur les croisières organisées pour l'observa- tion des oiseaux marins qui nichent sur les falaises du cap Bon-Ami.

Au site — En arrivant au parc par la côte sud, on verra la péninsule de Penouille qui s'avance dans la baie de Gaspé en enfermant une baie marécageuse. Il faut garer la voiture au stationnement aménagé à l'entrée car l'accès est interdit aux automobiles. En période de migration, la baie accueille des bernaches, des canards, des hérons et des oiseaux de rivage tandis que les secteurs boisés de la péninsule sont un bon endroit pour l'observation des passereaux. En été, le Martin-pêcheur d'Amérique, le Balbuzard pêcheur et la Sterne pierregarin s'y nourrissent régulièrement.

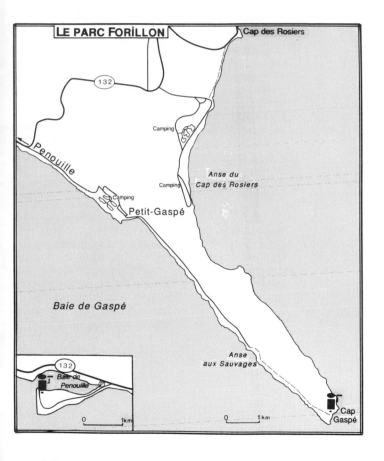

La route qui donne accès au camping de Petit-Gaspé contourne ce dernier et conduit le visiteur jusqu'à l'anse aux Sauvages. Le camping est aménagé dans une forêt boréale où la Paruline rayée, la Paruline obscure et la Paruline à poitrine baie abondent en saison de nidification; le Bruant fauve et la Paruline à calotte noire, entre autres, nichent tout près.

Le sentier qui va de l'anse aux Sauvages jusqu'à l'extrémité de la péninsule constitue sans aucun doute le parcours le plus intéressant qu'offre le parc pour l'observation en période de migration. De la mi-mai à la mi-juin et de la mi-août à la fin de septembre, les abords du chemin grouillent de passereaux tandis que, à l'automne surtout, de nombreux rapaces diurnes survolent la crête de la péninsule. À l'extrémité, le sentier conduit à un belvédère d'où l'on domine les flots qui baignent les pieds du cap Gaspé. Divers canards plongeurs y sont toujours présents: cormorans, eiders, macreuses, becs-scie, kakawis; parfois on y voit également l'Eider à tête grise, le Canard arlequin ou la Marmette de Troïl.

Du côté nord du parc, la route d'accès au parc longe l'anse du Cap des Rosiers. Les eaux marines de l'anse sont hautement fréquentées par les canards marins. En hiver, lorsque les mouvements des glaces laissent des eaux libres, des milliers de Canards kakawis s'y rassemblent; on y voit également le Bec-scie à poitrine rousse, le Garrot à oeil d'or, le Garrot de Barrow, le Goéland bourgmestre, le Goéland arctique ainsi que le Grand Cormoran.

11

Îles-de-la-Madeleine

Echoué au milieu du golfe du Saint-Laurent, cet archipel possède des attraits uniques qui justifient amplement qu'on y fasse plus qu'une brève visite. Les paysages n'y sont pas grandioses mais attachants: falaises curieusement sculptées, plages de sable blond et collines aux lignes pures se mêlent harmonieusement pour les besoins du photographe, du peintre ou du simple spectateur.

En ce qui a trait aux oiseaux, l'observateur y trouvera plus que son compte. Quatre espèces, le Grèbe cornu, le Pluvier siffleur (ne pas le confondre avec le Pluvier semipalmé, également nicheur), la Sterne de Dougall et la Mouette rieuse, trouvent aux îles leurs seuls sites de nidification au Québec. Dans les forêts de conifères, on verra entre autres la Nyctale boréale, la Grive à joues grises et le Moucherolle à ventre jaune. Sur les rochers proches de la côte on admirera le Grand Cormoran d'assez près. Sur les rives des lagunes, les oiseaux de rivage se voient par milliers à la fin de l'été. Et si on a la chance de se rendre à l'île Brion ou au rocher aux Oiseaux, deux îles éloignées du groupe principal, on aura l'occasion d'observer entre autres le Macareux moine et la Marmette de Brünnich.

Pour éviter les répétitions inutiles dans la description des différents sites, les indications suivantes sont valables pour l'ensemble de l'archipel. La Sterne arctique et la Sterne pierregarin nichent ensemble ici et là dans l'archipel, mais la population de la première ne représente qu'environ dix pour cent de celle de la seconde; on verra assurément la Sterne arctique si on prend la peine d'examiner soigneusement les troupes de sternes qui se rassemblent sur les rives des lagunes et des petits étangs. Quelques couples de la Sterne de Dougall nichent également dans les colonies des deux autres sternes mais se déplacent d'un site à l'autre au fil des ans; son cri est très distinctif: on dirait un morceau de tissu qu'on déchire. À la fin d'août, la Mouette de Bonaparte (par centaines) et la Sterne caspienne (une dizaine ou deux) sont de passage; elles se rassemblent avec les troupes de goélands (omniprésents) et de sternes. Les oiseaux de rivage forment de grandes troupes sur les rives des lagunes, mais sont vraiment très peu nombreux sur les plages battues par la mer. On notera que le Pluvier doré d'Amérique, présent à compter du mois d'août, fréquente régulièrement les pâturages et les champs à herbe rase de toutes les îles.

Chaque année, un nombre appréciable d'espèces inusitées sont signalées dans l'archipel. Sa situation géographique fait qu'il agit un peu comme un aimant, attirant tout oiseau égaré au-dessus du golfe du Saint-Laurent. On peut donc s'attendre à tout, mais les espèces les plus susceptibles d'être rencontrées incluent l'Aigrette bleue, l'Aigrette neigeuse, la Mouette pygmée, la Barge marbrée, le Chevalier semipalmé et le Bécasseau combattant. Il faut mentionner enfin que l'archipel est la région du Québec méridional où le Harfang des neiges estive le plus souvent (surtout les années qui suivent les hivers où l'oiseau est particulièrement abondant).

Meilleures périodes — Les mois de juin, juillet et août constituent la meilleure période pour visiter les îles de la Madeleine. On notera cependant que certaines espèces deviennent de moins en moins faciles à découvrir après la mi-juillet, tandis que c'est en août que les oiseaux de rivage sont omniprésents. Bien qu'une visite éclair de deux ou trois jours permet de parcourir entièrement l'archipel principal, un séjour d'une dizaine de jours s'impose si on veut vraiment profiter au maximum de son voyage au pays du vent. La fraîcheur océanique et le vent sont en effet les caractéristiques principales du climat; les journées chaudes (25 °C et plus) et sans bourrasque sont très rares.

Accès — La plupart des visiteurs se rendent aux îles de la Madeleine par le traversier qui prend les automobilistes à Souris, port d'embarquement situé à l'extrémité est de l'île du Prince-Édouard. La traversée dure cinq heures. Il y a départ à 14 heures (heure locale) tous les jours sauf le mardi; le mardi le départ se fait de nuit (à 2 heures). Il est également possible de louer une cabine et de faire transporter sa voiture à bord du cargo qui fait la navette hebdomadaire entre Montréal et les îles (s'informer auprès d'Inter-Voyages ou de la Coopérative de transport maritime et aérien); plus long (et plus coûteux), cet itinéraire permet au voyageur d'admirer le cours du Saint-Laurent et la côte nord de la Gaspésie.

L'île Brion et le rocher aux Oiseaux, inhabités, sont détachés de l'archipel principal. On s'informera au kiosque d'information touristique (situé à Cap-aux-Meules) des modalités d'excursion en mer pour s'y rendre. L'île Brion constitue depuis peu une réserve écologique gérée par le ministère de l'Environnement du Québec. Il est interdit d'y camper. On pourra s'y rendre de jour en montant à bord d'un bateau qui a son port d'attache à Grande-Entrée mais qui vient prendre ses passagers à Grosse-Ile. Le même bateau conduit des excursionnistes au rocher aux Oiseaux (il faut réunir un nombre minimum de visiteurs).

— Le Fou de Bassan et la Mouette tridactyle sont presque toujours de la partie. Le Pétrel cul-blanc et le Pétrel océanite (difficiles à distinguer sans expérience préalable), le Puffin majeur, le Puffin fuligineux et les labbes sont plutôt rares.

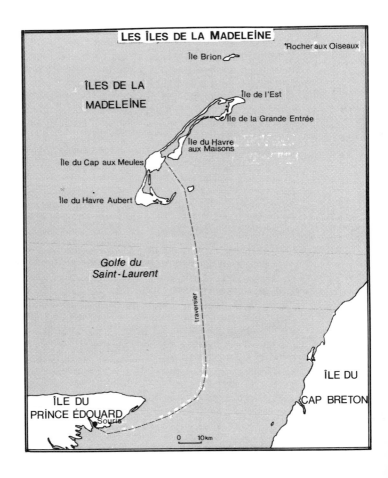

LES ÎLES DE LA MADELEINE

Île Brion

˚Rocher aux Oiseaux

ÎLES DE LA MADELEINE

Île de l'Est

Île de la Grande Entrée

Île du Havre aux Maisons

Île du Cap aux Meules

Île du Havre Aubert

Golfe du Saint-Laurent

traversier

ÎLE DU CAP BRETON

ÎLE DU PRINCE ÉDOUARD

Souris

0   10 km

Yves Aubry

Macareux moine

Pluvier siffleur

Normand David

Îles-de-la Madeleine   **273**

1. L'île du Havre Aubert

Le havre Amherst, la baie autour de laquelle le village de Havre-Aubert est construit, se vide considérablement à marée basse. En août, au plus fort de la migration des limicoles, on y verra quantité d'espèces de ces oiseaux. Des troupes de sternes et de goélands, parmi lesquels la Mouette tridactyle se glisse parfois, y paressent également. Les côtés nord et est de la baie sont accessibles par les rues et les quais du village. Pour avoir accès à la partie sud, il faudra emprunter le chemin de l'Aéroport vers l'ouest. Avant la mi-juillet, on pourra se rendre au bout de la dune Sandy Hook à pied; le Pluvier siffleur fréquente parfois ces parages.

Le Bassin, principalement accessible du côté est par le chemin de la Pointe-à-Marichite, est une lagune de petites dimensions. Divers canards s'y rassemblent (surtout en juin) et des oiseaux de rivage fréquentent ses rivages sud en août (le Courlis corlieu par plusieurs dizaines parfois).

Le centre de l'île est occupé par des collines couvertes de forêts de conifères où l'on pourra observer (surtout avant la mi-juillet) les oiseaux forestiers typiques de l'archipel. Les chemins Lapierre, Alpide, des Petits-Bois et de la Montagne sont les plus recommandés. En plus du Moucherolle à ventre jaune et de la Mésange à tête brune, on pourra découvrir la Grive à joues grises. La Nyctale boréale niche également dans ces forêts, notamment près du lac Solitaire.

Au coin sud-est de l'île se dresse le rocher de la Vache Marine. Le Grand Cormoran, qui niche dans les falaises proches, l'utilise régulièrement comme perchoir. Un peu plus loin au nord, l'étang du Ouest mérite un coup d'oeil. Au delà s'étend la dune de l'Ouest, qu'on ne peut explorer qu'à pied. On prendra garde cependant qu'il faudra franchir un grau, au sud du havre aux Basques et qui fait communiquer ce dernier avec la mer. Sa largeur et la force du courant varient sans cesse (se méfier des variations de la marée et de la force du vent). Du côté de la lagune, les dunes sont bordées d'immenses platiers de sable. Le Pluvier siffleur y niche et de nombreux oiseaux de rivage s'y alimentent en août (la Barge hudsonienne y est particulièrement nombreuse). On peut également explorer le pied de la dune de l'Ouest en se rendant sur la rive sud du havre aux Basques par le chemin Pointe-à-Canot.

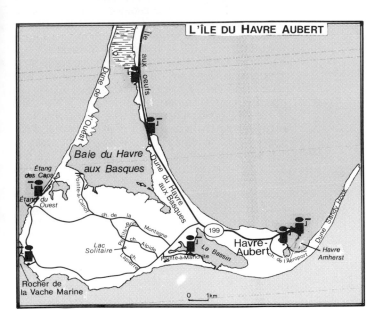

2. Le havre aux Basques

La route 199 relie l'île du Havre Aubert à l'île du Cap aux Meules par un tombolo formé par l'île aux Oeufs et la dune du Havre aux Basques. Le Pluvier siffleur niche sur la plage marine du tombolo, dans la portion sud principalement. Il arrive même qu'on le voie de la route, à la pointe sud de l'île aux Oeufs.

De l'autre côté s'étend le havre aux Basques. Cette lagune très vaste est sans contredit le site le plus riche en oiseaux aquatiques de l'archipel. La moitié sud, en eau profonde, est séparée de la moitié nord, un marais parsemé d'étangs, par de grands platiers de sable. Le niveau de l'eau dans la moitié nord varie en fonction de la force et de la direction des vents. Divers canards barboteurs nichent dans le marais, de même que le Grand Morillon et le Grèbe cornu (à l'occasion). Quelques couples de la Mouette rieuse nichent aussi dans le marais, principalement vers le coin nord-ouest (dont on pourra s'approcher par le chemin Coulombe, sur l'île du Cap aux Meules); cet mouette est souvent aperçue en compagnie des sternes qui se réunissent dans les petits étangs proches de la route 199, à l'extrémité nord de l'île aux Oeufs. Plusieurs colonies de la Sterne pierregarin sont établies dans la portion nord de la lagune; c'est dans celles-ci que les quelques couples de la Sterne de Dougall nichent à l'occasion.

La valeur du havre aux Basques tient surtout à l'importance qu'il représente comme site d'alimentation pour les oiseaux de rivage. À compter de la mi-juillet (jusqu'en septembre), ce sont des dizaines de milliers de limicoles d'une quinzaine d'espèces différentes qui s'attroupent dans le marais et sur les platiers qui le bordent. Après avoir niché dans la toundra canadienne, ces oiseaux se sont dirigés vers l'est du Canada et le nord-est des États-Unis où ils séjournent quelque temps, après quoi ils gagneront leurs quartiers d'hivernage sur les côtes de l'Amérique du Sud. Dans le havre aux Basques, la plupart des dizaines de milliers de limicoles qui s'y attroupent demeurent cachés à la vue, mais toutes les espèces sont faciles à observer ailleurs dans l'archipel. Les observateurs aventureux pourront explorer cette lagune en s'avançant vers les platiers situés immédiatement au nord de la section en eau profonde; comme il faudra traverser quelques chenaux, il est peut-être préférable de chausser de vieilles espadrilles plutôt que de chercher à rester au sec avec des bottes qui obligeront à de longs détours.

Sterne pierregarin

Normand David

3. L'île du Cap aux Meules et l'île du Havre aux Maisons

Les trois petits étangs situés au sud-est de l'île, en bordure du chemin des Chalets, méritent toujours qu'on y jette un coup d'oeil: canards, sternes et limicoles s'y rassemblent régulièrement.

Comme dans l'île du Havre Aubert, des collines boisées occupent le centre de l'île. On s'y rend par le chemin de l'Église. Ce chemin, ainsi que le chemin des Patton, traversent des formations conifériennes où nichent la Grive à joues grises et la Nyctale boréale.

Du côté de L'Étang-du-Nord, il faut s'arrêter au petit étang situé au sud du port. On examinera également l'île aux Goélands: le Grand Cormoran, parmi de nombreux Cormorans à aigrettes, s'y repose régulièrement.

Du côté de Fatima, il faudra s'arrêter à tout prix au grand étang situé à l'ouest du cap Vert, l'un des meilleurs sites de tout l'archipel. On fera un premier arrêt du côté est, le long du chemin Poirier. Des grèbes, des canards et la Foulque d'Amérique fréquentent régulièrement l'étang; le Bruant à queue aiguë se rencontre dans les herbes qui le bordent. La liste des espèces inusitées trouvées à cet étang est impressionnante (Barge marbrée, Bihoreau violacé et Bécasseau roussâtre, entre autres) et témoigne de la valeur du site. Vers le nord-est, la dune du Nord s'étend à perte de vue. À cet endroit, elle a la forme d'un immense platier de sable où le Pluvier siffleur se rencontre réguliè-

rement, malgré les dérangements incessants causés par l'affluence des baigneurs et des promeneurs. Il est possible d'observer l'oiseau de son véhicule en empruntant le chemin qui contourne l'étang par le nord.

Des mouettes, des sternes et des oiseaux de rivage se rassemblent régulièrement sur la pointe située avant le pont qui sépare l'île du Cap aux Meules de l'île du Havre aux Maisons; ils sont en plus grand nombre encore dans la petite baie située immédiatement après le pont, où la Sterne de Dougall se rencontre parfois.

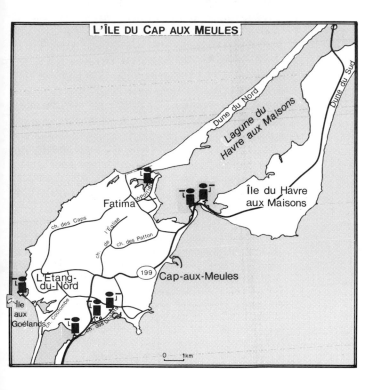

4. La dune du Sud et la dune du Nord

Au pied de la dune du Sud se dresse l'éolienne d'Hydro-Québec, que longe le chemin de la Cormorandière. Ce chemin donne accès à la dune du Sud, qu'on ne peut explorer qu'à pied. À quelque distance de la fin du chemin, un grand rocher se dresse près du rivage. Plusieurs couples du Grand Cormoran y nichent, qu'on verra aller et venir en début de juin. Le Pluvier siffleur se rencontre à divers endroits sur toute la longueur de cette dune.

Au pont du Détroit, les rivages de la dune du Sud et de la dune du Nord sont fréquentés régulièrement par les oiseaux de rivage, les sternes et les mouettes.

Avant de traverser Pointe-aux-Loups, la route 199 passe à proximité de quelques petits étangs. Au-delà de Pointe-aux-Loups, les étangs sont encore plus nombreux; le Grèbe cornu s'y rencontre parfois. Dans les portions boisées de la dune, on découvrira le Bruant fauve et le Quiscale rouilleux.

Vers l'extrémité de la dune, la route se rapproche du rivage de la lagune. À marée basse, il s'agit d'un excellent site pour observer les oiseaux de rivage. La baie de la Grosse Ile, toute proche, est tout aussi fréquentée; toutes les espèces de limicoles qui passent en migration peuvent y être trouvées, y compris les plus inusitées.

Grand Cormoran

Normand David

DUNE DU NORD ET DUNE DU SUD

Dune du Nord

Lagune de la Grande Entrée

Dune du Sud

Pointe-aux-Loups

199

pont du Détroit

ch. de la Carrière à Ciment

Île du Havre
aux Maisons

0 ___ 1km

5. L'île de l'Est et Grande-Entrée

Après avoir traversé l'entrée de la baie Clarke, on verra à gauche un chemin de gravier qui s'enfonce dans l'île de l'Est. Il faudra cependant l'explorer à pied (en y mettant une journée complète), bien que le tracé du chemin ne soit pas toujours facile à suivre. Presque entièrement boisée, l'île est parsemée de nombreux étangs de superficie variée où nichent le Grèbe cornu, le Bec-scie à poitrine rousse, la Sterne arctique et d'autres oiseaux aquatiques.*

Au sud de l'île, à Old-Harry, un autre chemin secondaire conduit à la pointe Old-Harry. Du haut de ce promontoire, on verra régulièrement le Fou de Bassan, la Mouette tridactyle et le Guillemot noir. En examinant bien la mer vers le nord, on découvrira peut-être le Petit Pingouin, la Marmette de Troïl ou la Marmette de Brünnich. Par vents très forts, surtout à la fin de l'été, il arrive souvent que des puffins et des labbes s'approchent suffisamment près de la côte pour se laisser identifier.

Sur l'île de la Grande Entrée, on trouvera le bassin aux Huîtres, une petite lagune sur les rives de laquelle le Pluvier siffleur niche parfois et divers oiseaux de rivage se rassemblent en août. Grande-Entrée est séparée de la dune du Sud par une passe au milieu de laquelle s'étend un grand banc de sable; plusieurs centaines de couples de sternes y nichent, y compris la Sterne de Dougall. On la voit parfois de l'extrémité de l'île ou parmi les sternes qui viennent se reposer sur les rivages proches du port.

Bec-scie à poitrine rousse

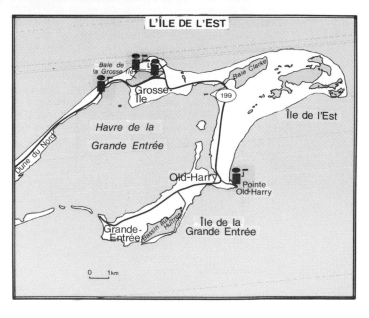

6. L'île Brion et le rocher aux Oiseaux

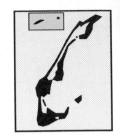

Située à une vingtaine de kilomètres au nord de Grosse-Ile, l'île Brion est inhabitée depuis les années 60. Pour l'ornithologue amateur, le Macareux moine et le Grand Cormoran représentent l'attrait principal de ce site. Tous deux nichent dans les falaises nord de l'île et sont faciles à observer d'assez près à partir du sentier qui longe le sommet des falaises depuis la pointe ouest de l'île.

À environ 36 kilomètres au nord-est de l'île de l'Est se dresse le rocher aux Oiseaux, une haute masse de roc aux parois verticales où nichent le Fou de Bassan, la Mouette tridactyle, le Petit Pingouin, la Marmette de Troïl, la Marmette de Brünnich et le Macareux moine. On ramène des souvenirs inoubliables d'une excursion en mer autour de ce rocher mais la chance n'est pas donnée de s'y rendre tous les jours. La profondeur de la mer autour du rocher est très faible, moins de deux mètres à certains endroits, de sorte qu'il faut profiter d'une mer très calme pour pouvoir s'en approcher.

*A*utres sites aménagés

Les sites énumérés ci-dessous sont des destinations idéales pour l'observation des oiseaux terrestres, principalement forestiers. On aura donc intérêt à les visiter durant la belle saison, c'est-à-dire du mois de mai au mois d'août. Pourvus de sentiers fort bien aménagés, d'aires de pique-nique et de centres d'interprétation, tous ces sites se prêtent admirablement bien à des sorties en famille ou en groupes, ne serait-ce que pour découvrir des paysages magnifiques ou s'initier à la découverte des massifs forestiers typiques du sud du Québec. On trouvera ci-dessous des indications générales pour se rendre à l'entrée principale du site.

Le parc de la Gatineau (Outaouais)

Du côté ouest de Hull, par la route 148 (boulevard Taché), prendre la promenade de la Gatineau.

Le centre éducatif forestier du lac La Blanche (Outaouais)

À l'est de Hull, par la route 148, prendre la route 309 jusqu'à Buckingham, puis la route 315 vers le nord-est sur environ 25 kilomètres.

Le centre éducatif forestier des Laurentides (Montréal)

Le centre est situé sur les bords du lac du Cordon, à environ 18 kilomètres à l'ouest de Sainte-Agathe. À la sortie 83 de l'autoroute 15, prendre le chemin des Lacs, puis le chemin du lac Caribou.

Le parc Paul-Sauvé (Montréal)

Le parc est situé à l'est d'Oka, sur les bords du Lac des Deux-Montagnes. On y a accès par la route 344 (autoroutes 13 vers le nord et 640 vers l'ouest depuis Montréal).

Le centre éducatif forestier du bois de Belle-Rivière (Montréal)

L'entrée principale donne sur la route 148, à mi-chemin entre Saint-Eustache et Lachute (autoroutes 13 vers le nord et 640 vers l'ouest depuis Montréal).

Le parc du mont Saint-Bruno (Montréal)

À partir de la sortie 102 de l'autoroute 20 ou de la sortie 121 de l'autoroute 30, suivre les indications pour se rendre à l'entrée du parc par le rang des 25.

Le parc national de la Mauricie (Centre du Québec)

Les deux entrées du parc sont indiquées le long de l'autoroute 55 entre Shawinigan et Grand-Mère.

Le centre éducatif forestier de Duchesnay (Québec)

L'entrée donne sur la route 367, à environ 25 kilomètres de l'autoroute 40 (sortie 295).

Le parc de la Jacques-Cartier (Québec)

L'entrée du parc donne sur la route 175, à une quarantaine de kilomètres au nord de Québec.

Le centre éducatif forestier Les Palissades (Charlevoix)

L'entrée donne sur la route 170, à environ 13 kilomètres au nord de Saint-Siméon.

Le centre éducatif forestier de Parke
(Bas-Saint-Laurent)

À partir de l'autoroute 20 (sortie 488), prendre la route 289 vers le sud sur 18 kilomètres.

Le centre éducatif forestier de Macpès
(Bas-Saint-Laurent)

Depuis Rimouski, prendre la route 232 vers le sud, puis le rang 3 vers l'ouest à 3,5 kilomètres au sud de Sainte-Blandine.

Le centre éducatif forestier Baie-des-Chaleurs
(Gaspésie)

Le centre est situé sur les bords de la rivière Petite Cascapédia en face du village de Saint-Edgar, à une douzaine de kilomètres au nord de New Richmond.

Geai du Canada

Code d'éthique
de l'Association québécoise
des groupes d'ornithologues

Le comportement des ornithologues doit être orienté de façon à ne pas perturber les activités normales des oiseaux

En accord avec cet énoncé, **il est recommandé:**

- d'éviter d'effrayer inutilement les oiseaux;

- d'éviter de s'approcher des nids ou des colonies de façon à ne pas les perturber, les stresser ou les exposer aux dangers (refroidissement, prédateurs);

- de ne pas manipuler les oeufs ni les jeunes;

- de photographier en ne dérangeant pas les oiseaux (éviter de briser le camouflage des nids ou d'entrer dans une colonie);

- d'éviter d'utiliser de façon abusive les enregistrements sonores ou les imitations pour attirer les oiseaux plus discrets et de ne pas les utiliser dans les sites les plus achalandés.

Le comportement des ornithologues doit être orienté de façon à protéger et à respecter le milieu de vie des oiseaux

En accord avec cet énoncé, **il est recommandé:**

- dans les déplacements, d'éviter de piétiner la végétation et d'endommager le sol (ne pas cueillir de plantes, rester dans les sentiers);

- de ne laisser aucun déchet sur le site (ce qui s'apporte se rapporte); attention particulière aux papiers-mouchoirs et aux déchets dits biodégradables: ils sont pour le moins une pollution visuelle pour les autres;

- d'apporter une attention particulière aux habitats fragiles;

- de garer les autos dans les endroits prévus à cette fin.

Le comportement des ornithologues doit être orienté de façon à respecter la propriété d'autrui

En accord avec cet énoncé, **il est recommandé:**

- de demander la permission (à des heures raisonnables) avant d'entrer sur une propriété privée (respecter les affiches « Défense de passer ») et, dans la mesure du possible, d'informer les propriétaires de la richesse de l'avifaune des sites visités;

- de laisser libres les entrées privées;

- de prendre soin de refermer les barrières et de ne pas endommager les clôtures;

- de ne pas déranger les animaux en pâturage;

- de respecter les règlements en vigueur dans les endroits publics.

Le comportement des ornithologues doit être orienté de façon à respecter les autres observateurs

En accord avec cet énoncé, **il est recommandé** en tant qu'**individu:**

- d'éviter de fermer bruyamment les portières de voiture;

- de baisser le ton et de restreindre vos conversations à l'essentiel;

- de permettre aux autres d'observer l'oiseau qui retient votre attention;

- de laisser votre animal favori à la maison;

en tant que **responsable de groupe:**

- d'informer le groupe de toute réglementation ou conduite applicable aux sites visités;

- d'enseigner aux autres ornithologues les règles du code d'éthique et de manifester un comportement en accord avec ces énoncés.

Clubs et sociétés ornithologiques du Québec

Les organismes énumérés ci-dessous ont un programme régulier d'activités, et notamment des excursions guidées. En devenant membre, on pourra ainsi avoir l'occasion de découvrir de nombreux sites non mentionnés dans ce volume. La plupart de ces clubs sont membres de l'Association québécoise des groupes d'ornithologues.

Société du loisir ornithologique de l'Abitibi
351, Larivière, Rouyn-Noranda J9X 4H5

Club des ornithologues de l'Outaouais
C. P. 419, Succursale A, Hull J8Y 6P2

Club ornithologique des Hautes-Laurentides
C. P. 291, Saint-Jovite J0T 2H0

Club d'observateurs d'oiseaux de Laval
C. P. 46, Succursale Laval Ouest, Laval H7R 5B7

Société québécoise de protection des oiseaux
C. P. 43, Succursale B, Montréal H3B 3J5

Club d'observateurs d'oiseaux Marie-Victorin
7000, Marie-Victorin, Montréal H1G 2J6

Nature Illimitée
C. P. 638, Succursale Jean-Talon, Montréal
H1S 2Z5

Société de biologie de Montréal
C. P. 39, Succursale Outremont, Outremont
H2V 4M6

Club d'ornithologie d'Ahuntsic
10640, Saint-Hubert, app. 11, Montréal H2C 2H7

Club d'ornithologie de Longueuil
70, rue Lévis, bureau 110, Longueuil J4H 1S5

Société ornithologique du Haut-Richelieu
171, rue Gosselin, Saint-Jean J3B 7J5

Club des observateurs d'oiseaux de la Haute-Yamaska
C.P. 813 Granby J2G 8W8

Club du loisir ornithologique maskoutain
2070 Saint-Charles, Saint-Hyacinthe J2T 1V2

Société d'ornithologie de Lanaudière
C. P. 339, Joliette J6E 3Z6

Club ornithologique de la Mauricie
C. P. 21, Grand-Mère G9T 5K7

Club d'ornithologie de Trois-Rivières
C. P. 953, Trois-Rivières G9A 5K2

Club d'ornithologie Sorel-Tracy
C. P. 1111, Sorel J3P 7L4

Société ornithologique du centre du Québec
960 Saint-Georges, Drummondville J2C 6A2

Société du loisir ornithologique de l'Estrie
C. P. 2363, Succursale Jacques-Cartier,
Sherbrooke J1J 3Y3

Club des ornithologues de Brôme-Missisquoi
C. P. 256, Cowansville J2K 3S7

Club des ornithologues des Bois-Francs
21 Roger, Victoriaville G6P 2A8

Club des ornithologues du Québec
a/s CLRQ, 1990 boul. Charest ouest, Sainte-Foy
G1N 4K8

**Club des ornithologues amateurs du
Saguenay–Lac-Saint-Jean**
C. P. 1265, Jonquière G7S 4K8

Club d'ornithologie de la Manicouagan
C. P. 2513, Baie-Comeau G5C 2T2

Club des ornithologues du Bas-Saint-Laurent
C. P. 118, Pointe-au-Père G0K 1G0

Club des ornithologues de la Gaspésie
C. P. 245, Percé G0C 2L0

Club d'ornithologie des Îles-de-la-Madeleine
C. P. 206, Havre-aux-Maisons G0B 1K0

Calendrier d'observations

Nous avons constitué cette grille afin que chaque observateur puisse tirer le maximum de plaisir pendant ses excursions tout au long de l'année. Nous avons d'abord répertorié tous les sites présentés dans ce guide selon l'une ou l'autre des onze régions du Québec. Nous avons ensuite indiqué au haut de chaque page une série de lettres qui sont en fait les initiales de chacun des douze mois de l'année. Nous avons également conçu un code de couleurs indiquant, pour chaque site, s'il est intéressant, s'il vaut le détour ou s'il ne faut surtout pas le manquer. Ainsi, pour chaque site, vous saurez à quel moment vous y rendre pour assiter à un spectacle à la hauteur de vos attentes.

□ intéressant	▨ vaut le détour	■ à ne pas manquer

	J	F	M	A	M	J	J	A	S	O	N	D
L'Abitibi												
La région du lac Abitibi			□	□	▨	▨	□	□				
Les lacs de Rouyn-Noranda			□	▨	▨	▨	□	▨	▨	□		
Le parc d'Aiguebelle			▨	▨	▨	□	□					
La région de Val-d'Or			□	▨	□	□	□	□				
La région d'Amos			□	▨	▨	▨	□	□	□	□		
L'Outaouais												
Rapides-des-Joachims	▨	▨	▨									
L'escarpement d'Eardley			□	▨	▨	▨	□	□				
Les mangeoires Moore	□	□	□								□	□
Les rapides Deschênes	□	□	□	▨	▨	□	□	□	▨	■	▨	□
Le parc du lac Leamy	□	□	□	□	■	■	□	□	□	□	□	□
La réserve faunique de Plaisance	■	■	▨	▨	▨	□						
La réserve faunique La Vérendrye			□	▨	▨	□						

La région de Montréal

	J	F	M	A	M	J	J	A	S	O	N	D
Les marais de Dundee					▨	▨	□	□	□			
La réserve écologique du Pin rigide					▨	▨	▨					
Le barrage de Beauharnois			□	▨	□	□	▨	▨	▨	▨	■	□
La plantation de Saint-Lazare	□	□	□	□	▨	▨	□	□	□	□	□	□
L'arboretum Morgan	□	□	□	□	▨	▨	□	□	□	□	□	□
Les plantations de Saint-Colomban					▨	▨	▨					
Le parc Summit					▨	■	□	□				
Le cimetière Mount Royal	□	□	□	▨	▨	▨	▨	□	□	▨	▨	□
L'île des Soeurs	□	□	□	▨	▨	□	□	□	□	□	▨	▨
Le Jardin botanique	▨	▨	▨	▨	▨	□	□	□	□	□	□	▨
L'île aux Fermiers						▨	■	▨	■	▨		
Le mont Saint-Hilaire					▨	▨	□	□				
La promenade René-Lévesque				□	▨	▨	▨	▨	▨			
Les rapides de Lachine	□	□	▨	▨	▨	□	□	▨	▨	▨	▨	▨

Le centre du Québec

	J	F	M	A	M	J	J	A	S	O	N	D
La tourbière de Lanoraie					▨	▨	▨					
La commune de Berthierville				■	■	▨	▨	▨	▨			
Les basses terres de St-Barthélemy				▨	▨							
L'île du Moine						▨	▨	■	■			
La plaine de Baie-du-Febvre				■	■	▨	▨	▨	▨			
Le sanctuaire de Saint-Majorique	□	□	□	▨	▨	▨	▨	□	▨	▨	□	□

L'Estrie et les Bois-Francs

	J	F	M	A	M	J	J	A	S	O	N	D
Le lac Boivin					▨	▨	▨	▨	▨	▨	▨	▨
Le bois Beckett	□	□	□	▨	▨	▨	□	□	□	□	□	□
Le mont Bellevue				□	▨	▨	□					
Le marais de Katevale				▨	▨	▨	▨	▨	▨			
Le mont Mégantic					▨	■	▨					
Le Petit lac Saint-François										▨	▨	▨
Le réservoir Beaudet				▨	▨	▨	□	▨	▨	▨	▨	
Le lac William										▨	▨	▨
Le lac à la Truite				▨	▨	▨	□	▨	▨	▨	▨	

Québec et Charlevoix

	J	F	M	A	M	J	J	A	S	O	N	D
Le parc des Grands Jardins							▨	▨	□	□		
L'île aux Coudres						▨	▨		▨	▨		
La réserve du cap Tourmente	□	□	□	▨	■	▨	□	▨	▨	■	▨	□
L'île d'Orléans				▨	▨					□	□	□
La base de plein-air de Sainte-Foy	□	□	□	□	▨	▨	▨	□	▨	▨	□	□
La tourbière de Dosquet				▨	▨	▨						
La côte de Lévis				▨	▨	▨				▨	▨	▨
Les battures de Montmagny				▨	▨				▨	▨		

Le Saguenay-Lac-Saint-Jean

	J	F	M	A	M	J	J	A	S	O	N	D
La batture de Saint-Fulgence					▨	▨	▨	□	▨	▨	□	□
La baie des Ha! Ha!					▨	▨			▨	▨	▨	▨
Le parc Kénogami					▨	▨	□					
Le Petit Marais de Saint-Gédéon					▨	■	▨	▨	▨	▨	▨	
Le parc de Val-Jalbert					▨	▨	□					
La rivière Ticouapé				□	▨	□			□	□		

La Côte-Nord

	J	F	M	A	M	J	J	A	S	O	N	D
Bergeronnes	□	□	□	□	▨	▨	□	▨	▨	□	□	□
Les Escoumins						□	□	□	▨	▨	□	
Le marais de Saint-Paul-du-Nord				□	▨	▨	□	□	□			
La barre de Portneuf					▨	▨	□	■	□			
La péninsule de Manicouagan				□	▨	▨	□	▨	▨	▨		
Baie-Comeau	▨	▨	□	□	□	□	□	□	□	□	□	□
La pointe des Monts				□	▨	▨	□	□	□	□	□	□
La baie des Sept Iles				□	▨	□	□	▨	▨	▨		
La Minganie							▨	▨	▨			
La Basse Côte-Nord							▨	▨				
Anticosti							▨	▨	▨			

Le Bas-Saint-Laurent

	J	F	M	A	M	J	J	A	S	O	N	D
La batture de La Pocatière					■	■	□	□				
Le quai de Rivière-Ouelle					■	■	□	□	□	□	□	□
Les battures de Kamouraska					□	□	□	□	□			
Le marais de Cacouna					■	■	■	□	■	■	■	
La traverse de Trois-Pistoles					■	■	□	■	■	■		
La halte de Saint-Fabien					□	□						
Le marais de Rimouski				□	■	■	■	■	■	■	□	
Le marais de Pointe-au-Père				□	■	■	□	■	■	□		

La Gaspésie

	J	F	M	A	M	J	J	A	S	O	N	D
La traverse de Matane				□	□			□	□	□	□	□
La baie des Capucins				□	■	■	□	■	■	□		
Les monts Albert et Jacques-Cartier					■	■	■	■				
La baie des Chaleurs				□	■	■	□	■	■	□		
L'île Bonaventure					■	■	■					
Le barachois de Malbaie				□	■	■	□	■	■	□		
La pointe Saint-Pierre	□	□	□	□	■	■	□	□	□	□	□	
Le parc Forillon					■	■	□	■	■	□		

Les îles de la Madeleine

	J	F	M	A	M	J	J	A	S	O	N	D
					□	■	■	■	□			

Index des noms français des oiseaux

Les nombres en noir renvoient à une photographie de l'oiseau.